AF341540

Par M. Gin d'après Barbié.

à faire

35955.

DE
LA RELIGION,

PAR

UN HOMME DU MONDE.

DE LA RELIGION,

PAR
UN HOMME DU MONDE;

Où l'on examine les différens systêmes des Sages de notre siécle, & l'on démontre la liaison des principes du Christianisme avec les maximes fondamentales de la tranquillité des États.

Nous ne devons pas nier des vérités démontrées, parce qu'il en résulte des difficultés insolubles à la raison humaine.

DESCARTES.

PREMIERE PARTIE,

CONTENANT *l'Examen des sources & des bornes de nos connoissances, les preuves de notre liberté, & la réfutation du systême du Fatalisme.*

A PARIS,

Chez MOUTARD, Imprimeur-Libraire de la REINE, rue des Mathurins, à l'Hôtel de Cluny.

M. DCC. LXXVIII.

Avec Approbation & Privilége du Roi.

TABLE
DES MATIERES,

Contenues dans ce premier Tome.

a iij

TABLE

FIN de la Table.

DE
LA RELIGION,

PAR

UN HOMME DU MONDE,

Où l'on examine les différens systémes des Sages de notre siecle, & l'on démontre la liaison des principes du Christianisme avec les maximes fondamentales de la tranquillité des États.

Nous ne devons pas nier des vérités clairement connues, parce qu'il en résulte des difficultés insolubles à la raison humaine. *Descartes.*

INTRODUCTION.

LA Religion peut être considérée sous deux points de vue, comme une institution politique destinée à imprimer à des Loix humaines un caractere divin, qui arrête les

La Religion considérée sous deux point de vue.

Tome I.   A

crimes par la crainte d'un châtiment, dont les bornes se reculent au delà de la vie des hommes, & anime la vertu par l'espérance de récompenses de même nature. Telle est la pieuse fraude pratiquée par *Numa*, par *Pitagore*, par *Socrate* lui-même.

Si la Religion Chrétienne n'avoit pas de preuves plus certaines de sa révélation, on pourroit prétendre que l'ambition de nos Ministres, comme celle des anciens Sages, a plus contribué à l'accréditer, qu'un vrai zele pour le bien public ; que l'erreur est un mauvais moyen pour déterminer les hommes à pratiquer la vertu ; qu'une fausse révélation, sous prétexte de développer les principes de la Loi naturelle, n'est capable que d'obscurcir, & quelquefois même d'empoisonner cette source sacrée, par le mélange d'institutions humaines, souvent inutiles, & quelquefois vicieuses.

Cependant une erreur si ancienne ne pourroit être déracinée qu'avec des ménagemens infinis. La Religion, sous ce point de vue même, tiendroit à l'ordre public. Il seroit à craindre que le peuple parvenu à secouer un joug qu'il étoit accoutumé de regarder comme sacré, ne se portât à une licence sans bornes, & que la guide trop légere de la Loi naturelle ne fût incapable de contenir des bouches devenues trop fortes par le mors pesant qu'elles auroient porté.

Mais si Dieu a daigné se communiquer aux hommes par la révélation ; essayer de les soustraire aux devoirs qu'il leur a imposés, c'est combattre contre Dieu même : impiété qui n'est pas moins contraire à la raison qu'à la Religion , puisque les lumieres d'un être borné ne peuvent entrer en concurrence avec celles de l'Être infini.

C'est donc le fait de la révélation qu'il s'agit d'examiner. Ce fait a besoin de preuves comme tous les autres , & l'homme ne peut être tenu de croire ce qui est au dessus de son intelligence , ni de se soumettre à des loix auxquelles la nature ne l'assujettit pas, si la raison ne lui apprend que Dieu exige de lui cette soumission.

Nulle question plus importante n'est digne de nous occuper, s'il est vrai, comme l'enseigne la Religion Chrétienne , que notre bonheur ou notre malheur éternel dépend de sa décision. Je parle à ceux dont la résistance ou la négligence seroient d'autant moins excusables, que, nés dans le sein de cette Religion , entraînés vers elle par l'autorité publique, par l'éducation, par l'habitude, ils

Importance de cet examen.

ont été à portée de fe procurer tous les fecours dont ils avoient befoin pour fe convaincre de fa divinité ; car je n'entreprends
pas d'examiner ici quel eft le dogme de la
Religion Chrétienne fur le fort de ceux qui
n'ont eu ni les mêmes facilités, ni les mêmes
fecours.

De l'opinion ; en quoi elle influe dans cet examen. Mais cette pente qui nous entraîne vers la
Religion de nos peres, femble, comme toutes
les chofes humaines, dépendre, jufqu'à un
certain point, de l'opinion. Autant la foumiffion aux vérités de la foi, ou véritable, ou
feinte, étoit de mode fur la fin du fiecle dernier, autant l'incrédulité l'eft devenue dans le
nôtre ; autant les livres qui développent les
preuves de la révélation étoient communs,
autant ceux qui la combattent fe font multipliés ; en forte qu'il faut aujourd'hui lutter
avec plus de force contre les préjugés pour
s'avouer croyant, que pour nier l'exiftence
de Dieu, ou au moins fa Providence univerfelle.

But que l'Auteur s'eft propofé. C'eft dans ces circonftances que, féduit
peut-être moi-même par cette philofophie fi
commune dans notre fiecle, que je ne nommerai encore ni vraie, ni fauffe, puifque je
me propofe de l'examiner, j'ai ofé revenir
fur mes pas pour comparer à la lumiere, non-

feulement d'un fcepticifme qui fe fait quelquefois illufion à lui-même, mais du doute le plus réel, les preuves de la révélation, & les objections par lefquelles on la combat.

J'ai commencé cet ouvrage pour ma propre inftruction. Si le réfultat de mes recherches m'eût conduit au doute ou à l'incrédulité, j'euffe renfermé mes opinions dans le fecret le plus auftere. De quel droit oferai-je porter le trouble dans les ames pieufes, & effayer d'ébranler, par mes foibles efforts, des opinions qu'on regarde depuis tant de fiecles, comme le plus ferme rempart de la tranquillité publique ?

On ne trouvera dans mon livre, ni critique amere des fentimens contraires aux miens, ni ces reproches de mauvaife foi, de preftiges & d'illufions des paffions criminelles, trop multipliés contre les incrédules. Je ne chercherai point dans le cœur de ceux qui penfent différemment de moi, la fource des erreurs de leur efprit.

Il ne fe permettra pas de critiquer les mœurs de ceux dont il examine les opinions.

Dans ce deffein, Lecteur, je crois devoir vous apprendre, non mon nom, il vous eft peu important de le favoir, mais mon caractere, mes mœurs, mon éducation : ce tableau abrégé fervira à vous convaincre de mon impartialité.

Ce qu'il eft néceffaire de connoître de fon caractere & des principes qui l'ont guidé jufqu'ici.

A iij

Né d'une famille honorable, au dessous de la grandeur, fort au dessus de la bassesse, éloigné & de la richesse & de la pauvreté, mon éducation fut toute Chrétienne : ce n'est pas assez dire, elle fut dirigée par un parti qui avoit alors dans ma patrie un grand nombre de Sectateurs, plus ou moins cachés, suivant les circonstances ; mais qui s'étoit acquis la réputation d'une vertu austere. Un esprit droit, une étude sérieuse, quelques dispositions pour les Lettres, les soins de mes parens, un état laborieux auquel je me trouvois destiné par ma naissance, & vers lequel mon goût m'entraînoit, empêcherent que je ne me livrasse de bonne heure à la dissipation, même dans les plaisirs permis.

Mes premiers Maîtres furent disciples de *Descartes* & de *Malebranche*. Le systême de la prémotion physique, pour expliquer l'action de Dieu sur la créature, étoit conforme aux principes dans lesquels j'avois été élevé. Il m'avoit entraîné. L'homme est porté naturellement à reculer les bornes de ses connoissances. La philosophie de Descartes m'avoit accoutumé à former des systêmes *à priori*, & à croire démontré ce que je regardois comme lié par des conséquences sûres à un principe que je croyois certain, sans examiner peut-être d'assez près le principe duquel je partois.

J'ai bientôt reconnu mes erreurs, & trouvant dans l'expérience un guide plus sûr, je n'ai conservé de Descartes que sa méthode.

Je ne sais s'il est d'une bonne institution de retenir les jeunes gens au sortir de l'enfance dans une gêne trop étroite, sur-tout lorsqu'ils sont destinés à habiter une grande ville ; s'il ne vaudroit pas mieux les laisser se rassasier du tumulte du monde & des plaisirs bruyans, en veillant, comme de loin, & sans une attention marquée, sur leur conduite, persuadés que l'impatience naturelle de l'homme contre le joug qu'on lui impose, & le desir insatiable d'un bonheur réel ou chimérique, l'entraîneront tôt ou tard vers ce tourbillon enchanteur, moins dangereux lorsqu'on s'y livre dans un âge dont les fautes sont presque toujours réparables, que lorsque parvenus à la maturité, la société s'offense de l'apparence même d'une dissipation déplacée. Il faut connoître les hommes par l'expérience, pour les juger tels qu'ils sont, & ne leur accorder ni trop d'estime, ni trop de mépris : excès auxquels sont portés naturellement ceux qui n'ayant vécu qu'avec les livres, & au milieu d'hommes vertueux, ou qu'ils croyoient tels,

D'une gêne trop austere ; en quoi elle peut nuire à la jeunesse.

ne jugent que d'après autrui, ou n'ont vu de l'homme que le masque.

Ce furent en partie ces motifs, en partie la lassitude de la contrainte, qui m'engagerent fort tard dans une dissipation qui n'étoit déjà plus de mon âge.

Né avec un caractere franc, l'éducation avoit fortifié en moi cette bonne qualité ; peut-être l'ai-je portée à l'excès. Accoutumé à me livrer sans réserve à mes parens ou à mes amis, je fus souvent trompé. Des événemens imprévus, l'abus de ma crédulité, ma gaucherie, s'il m'est permis de parler ainsi, au milieu d'un monde avec lequel je n'avois pas été élevé, me causerent un préjudice difficile à réparer.

De ses opinions sur la Religion, avant qu'il entreprît cet examen.

Je reviens à l'article de la Religion, dont je m'étois un peu écarté, pour me faire connoître tout entier, quoique ce que je viens de dire n'y soit pas absolument étranger.

Lorsqu'enthousiasmé du systême de Descartes, je portois par-tout l'esprit de sa méthaphysique, ayant peu lu les livres des Philosophes de notre siecle, & rempli des principes de ceux qui ont supposé la révélation démontrée, plutôt qu'ils n'ont entrepris de la prouver, j'avois formé un plan duquel résultoit, suivant mon opinion, une démonstration.

Mais le genre de vie auquel je me livrai depuis, ne me permit pas de rester dans l'ignorance de systêmes qui faisoient fortune dans le
monde. Je lus avec avidité les ouvrages de M.
de Voltaire, ceux du Citoyen de Geneve, & de
quelques-uns de nos Philosophes modernes qui
ont renouvellé les objections de Celse, de Por-
phyre & de tous les anciens Adversaires de la
Religion Chrétienne; je vis mes bases attaquées,
& je me persuadai qu'elles étoient renversées.

Non pourtant que tout ce qui a été écrit
contre l'existence de Dieu, m'ait ébranlé :
j'étois *Théiste* de bonne foi. Je prends ce terme,
suivant l'acception que notre usage lui a
donnée, en distinguant le *Théisme* du *Déisme*.
Je croyois un Dieu Créateur, au moins Fondateur des loix par lesquelles la machine du
monde est régie, car j'étois disposé à regarder la matiere comme éternelle ; mais si l'idée
d'un néant absolu dont Dieu eût tiré l'Univers, me révoltoit, l'ordre de la nature me
paroissoit supposer l'existence d'un Être infini,
Législateur universel, qui veilloit au maintien de ses loix, tant au physique, qu'au
moral, qui punissoit par conséquent les créa-
tures libres de leurs contraventions à la loi
qu'il avoit gravée dans leur cœur. Non
pourtant que j'admisse des peines éternelles.

Cette idée me révoltoit encore plus que celle de la création ; car elle me paroiſſoit ſuppo-ſer à la fois dans Dieu, & cruauté & injuſ-tice. Mais l'idée d'un Dieu récompenſant ſans bornes ceux qui avoient été fideles ob-ſervateurs de ſa loi, me charmoit ; elle me ſembloit adoucir la ſenſation du mal phyſique & du mal moral, & concilier autant qu'il étoit poſſible l'exiſtence de Dieu avec ſa puiſ-ſance & ſa bonté.

Par une conſéquence de ces principes, je croyois que la Divinité exigeoit un culte néceſſaire, non en lui-même, ni relative-ment à l'Être Suprême dont la gloire & le bonheur ne dépendent pas de nos hommages ; mais pour les hommes dont la foibleſſe a beſoin d'être ſoutenue par des objets qui frappent leurs ſens. Au ſurplus, tous les cultes qui rempliſ-ſoient cette idée, me paroiſſoient indifférens.

Quand j'entendois les Théologiens attri-buer l'incrédulité des Philoſophes à leurs paſ-ſions criminelles, je me diſois à moi-même. J'ai des défauts ; mais le monde me les re-proche encore plus que la Religion, & je ne vois rien dans ſa morale qui contrediſe mes inclinations.

Idée d'un Tribunal im-partial. Que Je me plaiſois à imaginer un Tribunal im-partial, devant lequel les preuves que la Reli-

gion Chrétienne nous préfente de fa révélation, euffent été attaquées & défendues avec
une force & une bonne foi égales. Il me fem-
bloit que la révélation eût été rejettée par de
tels Juges, pour rappeller les hommes à la
Religion naturelle.

Je vivois dans cette perfuafion, lorfque des
événemens imprévus me procurerent un loifir
auquel je ne m'attendois pas.

Dans le deffein de me former un plan d'é-
tude, je m'attache au difcours de M. Boffuet
fur l'Hiftoire Univerfelle.

Je l'avois lu, mais je ne pouvois encore le
comparer aux objections de nos Philofophes.

Je l'avois relu, & je n'y avois trouvé qu'un
chef-d'œuvre d'éloquence.

Une lumiere plus vive s'eft préfentée à moi
à une troifieme lecture ; j'ai cru voir dans cet
ouvrage la réponfe la plus folide à toutes mes
objections.

Je cherche, me fuis-je dit, un Orateur
digne d'une fi grande caufe. Il eft trouvé, &
d'autant plus convaincant, qu'écartant toute
déclamation, il fe borne aux faits & aux
raifonnemens. Les livres de nos Sages font
le plaidoyer contraire. Conftituons - nous
juges ; il n'eft perfonne qui n'ait ce droit.

Mais M. Boffuet fuppofe la conviction de

qui eſt l'objet de ce livre.

l'exiſtence d'un Dieu Créateur, & la poſſibilité d'une révélation. Le Théiſte au contraire ſoutient que toute révélation eſt incompatible avec la ſageſſe, la bonté, & la toute-puiſſance de l'Être infini. Quelques-uns de nos Sages oſent même nier l'exiſtence de tout Être différent de la matiere, & attribuer à la nature, à la fatalité, à une force aveugle, les loix qui régiſſent le monde, & les phénomenes que l'univers offre à nos yeux. S'il en étoit ainſi, à quoi ſerviroit de courir après la preuve d'une révélation dont l'impoſſibilité ſeroit démontrée?

Je dois donc, avant tout, me livrer à l'examen de queſtions dont dépend l'utilité des recherches ultérieures.

C'eſt l'objet que je me propoſe dans cet ouvrage.

Toutes les objections de nos Sages ſur ces queſtions préliminaires, ſont réunies dans un livre imprimé en 1770, ſous le titre de *Syſtême de la Nature*; il me ſervira de cannevas.

Je n'entreprendrai pas de relever toutes les contradictions, tous les paralogiſmes qu'on rencontre à chaque page dans ce livre. Ce travail a été entrepris & exécuté par des Auteurs célebres, & récemment par un Géometre digne de toute la réputation qu'il s'eſt acquife (*a*). On ne peut rien ajouter à ce qu'il a dit : je me bornerai donc aux fophifmes les plus faillans, aux propofitions dont la fauffeté démontrée ne détruit pas feulement le fyftême du fatalifme, mais me paroît conduire, par de juftes conféquences tirées des propofitions contraires, à la preuve de la néceffité d'une Religion révélée.

Je rapprocherai ce que M. de Voltaire, le Citoyen de Genève, l'Auteur des Penfées Philofophiques, M. Maillet & quèlques autres (*b*) ont écrit fur la matiere que je traite ; non pas tout, car ce feroit infini, mais les principales objections, celles qu'on peut regarder comme la clef des différens fyftêmes qui partagent nos Sages : la vérité fortira du choc des opinions & des fyftêmes contraires.

Quatre parties renfermeront tout mon plan. Plan général & fa divifion. La premiere contiendra un abrégé des fources de nos connoiffances, qui fe reportent

---

(*a*) Réflexions philofophiques fur le Syftême de la Nature, par M. *Holland*.

(*b*) Je n'ai garde de comprendre dans cette lifte M. de Buffon. Loin que cet Auteur célebre m'ait paru s'être propofé de fournir des argumens aux Défenfeurs des opinions anti-religieufes, je ne vois rien dans fon fyftême, furtout d'après les explications qu'il a données, qui ne puiffe fervir à combattre ces opinions : je me propofe de le prouver.

toutes au *fens intime*, comme à un centre commun ; j'en indiquerai les bornes. J'examinerai dans cette partie fur quelles preuves on appuie l'opinion que nous avons de notre liberté, & je comparerai ces preuves au fyftême de ceux qui n'admettent d'autre principe de nos actions, qu'un fatalifme irréfiftible. Je me propofe d'y réunir les principes qui nous conduifent à la preuve de l'exiftence de Dieu.

Je traiterai dans la feconde, de Dieu & de fes attributs, laiffant à l'écart, pour le moment, les objections par lefquelles on combat ce que la foi nous apprend fur la création de la matiere, & fur quelques attributs de l'effence divine dans lefquels on croit appercevoir des contradictions.

Ces difficultés feront l'objet de ma troifieme partie, intimement liée avec la feconde, & que je n'en ai féparée que pour foulager l'attention. Je me propofe auffi de rechercher ce que la raifon nous apprend de la nature de notre ame & de fa durée.

Ainfi je me trouve conduit par une progreffion naturelle, à la queftion que je me fuis propofé de traiter : S'il eft raifonnable de penfer que Dieu fe foit communiqué aux hommes par la révélation ? Ce fera l'objet de ma quatrieme partie, dont les principales difficultés feront applanies par les difcuffions auxquelles je me ferai livré dans les trois autres. Je la terminerai par un examen sommaire des faits qui établiffent la divinité du dogme & de la morale évangélique.

L'ouvrage que j'entreprends eft immenfe par la multitude de connoiffances qu'il exige. C'eft par les argumens de la plus fubtile métaphyfique, par l'hiftoire de tous les fiecles, & fur-tout par celle de la nature, que nos Sages attaquent la Religion jufques dans fes fondemens. Je n'ai pas la ridicule vanité de joûter d'érudition avec eux fur ces matieres.

Des moyens que l'Auteur a employés pour faciliter l'exécution de ce plan.

Je me fuis fait cette objection à moi-même. Déjà parvenu à la fin de ma carriere, me fuis-je dit, diftrait jufqu'ici par des occupations d'un genre abfolument étranger à ces études, entreprendrai-je un ouvrage auquel ma vie ne pourroit fuffire, fi je me livrois à tous les détails qu'il exige ?

Cette difficulté, au lieu de me rebuter, a ranimé mon zele.

Ces études ne font pas à la portée de tous les hommes, & s'il exifte une Religion révélée, elle exige la foumiffion de tous. Cette Religion doit donc avoir un caractere de vérité qui difpenfe d'un travail immenfe, dont la plupart font incapables, & dont ceux même qui pourroient efpérer de parvenir, par cette voie, à la connoiffance de la vérité, font fouvent diftraits par d'autres occupations.

Pourquoi ne profiterois-je pas des recherches & des découvertes de tant d'hommes célebres qui ont éclairé notre fiecle? Pour éviter toute erreur, adoptons leurs fyftêmes dans les queftions problématiques, copions même leurs propres expreffions, nous bornant à examiner l'ufage qu'ils font de cette multitude de connoiffances, & les conféquences qu'il en tirent : c'eft un hommage que nous rendrons à leurs travaux & à leurs talens. Pourquoi effayerois-je de revêtir d'autres couleurs des idées qui perdroient de leur énergie fous ma plume ? En tranfcrivant les objections telles qu'ils les ont préfentées, j'éviterai le reproche d'avoir effayé de les affoiblir. Mon raifonnement n'aura-t-il pas même plus de force, fi les conféquences qui me conduifent à la preuve de la révélation, fortent des propres découvertes de nos Sages, & des vérités extraites de leurs écrits?

Trois obfervations préliminaires.

Avant de terminer cette introduction, je crois devoir faire trois obfervations relatives à la méthode & au ftyle que j'ai employés dans ce livre.

Je fupplie d'abord les perfonnes pieufes de ne pas s'offenfer des doutes qu'elles me trouveroient quelquefois fur des points qu'elles jugent

avec

avec raifon de la derniere importance pour la Religion. Elles remarqueront fans doute que je n'ai pas dû tomber dans le défaut que je reproche fouvent aux Auteurs que je réfute, de fuppofer ce qui eft en queftion. Ainfi lorfque j'examine quelles font les bornes de nos connoiffances fur l'effence de la matiere, fur celle de l'efprit, fur la liberté de l'homme, les contradictions & les dangers que le fyftème du fatalifme renferme, j'accorde quelquefois à nos Sages, ce que je contefterai bientôt après, l'éternité de la matiere, celle du mouvement, la poffibilité que Dieu ait donné à une portion de matiere les facultés de fentir, de penfer, de vouloir, que nous appercevons en nous-mêmes par le fens intime. Mais ces doutes momentanés n'ont d'autre objet que de rendre la marche de mon raifonnement plus affurée, en détachant chaque propofition de toutes les autres ; ils doivent fe diffiper par une progreffion infenfible : c'étoit, felon mon opinion, le feul moyen de répandre de la lumiere fur l'enfemble, & fur toutes les parties de mes preuves.

On pourra me reprocher des répétitions. Mon objet étant de rapprocher les objections de nos Sages, pour m'affurer qu'elles partent toutes de la difficulté de concilier les crimes

Tome I. B

des hommes avec la bonté & la toute-puiffance de Dieu, & de prouver enfuite que
cette difficulté eft plus infoluble dans leurs
fyftêmes, que dans celui de la Religion : j'ai
cru m'appercevoir que les Auteurs que je combats, tournent fans ceffe fur un cercle. Pour
m'en affurer, je me fuis placé au centre,
d'où je confidere le rapport des rayons avec
ce centre unique : ce qui me ramene néceffairement à chaque inftant au point duquel
je fuis parti. Ainfi les répétitions étoient
inévitables : j'ai tâché de les rendre les moins
fatigantes qu'il a été poffible.

Enfin, quoique mon livre n'ait pas la forme
d'entretien, je me fuis fouvent fuppofé engagé dans une converfation avec les Auteurs dont j'examine les opinions. Cette tour-
nure qui laiffe à l'Ecrivain la liberté d'une
difcuffion méthodique, & qui donne cependant de la force & de la vie aux objections
principales, & aux réponfes, m'a paru tenir
le milieu entre la féchereffe de la difcuffion
méthaphyque & la monotonie d'un dialogue
perpétuel. Si cette licence paroît exceffive, je
confens d'effuyer le reproche d'avoir violé les
regles de l'art d'écrire, pourvu que ceux qui
liront mon ouvrage foient convaincus que
l'amour de la vérité a été le feul motif qui
m'a déterminé à l'entreprendre.

DE LA RELIGION,

PAR
UN HOMME DU MONDE.

PREMIERE PARTIE.

Des sources & des bornes de nos connoissances ; de la liberté de l'homme, & du systême du Fatalisme.

CHAPITRE PREMIER.

Que l'examen des preuves de la Religion nous oblige de remonter au principe de toute certitude humaine. Quel est ce principe.

§. I.

Du Scepticisme & du Pyrrhonisme qui lui est opposé.

Que le sens intime est la source de toutes nos connoissances, & du reproche que nos Sages font aux Théologiens ou Déicoles, de forger Dieu à leur image.

L'OBJET que l'examen des preuves de la Religion présente à nos recherches, est *Dieu*, De la nécessité d'un premier principe, base de c'eſt-à-dire, la cauſe premiere de tout ce qui exiſte, & l'homme auquel la Religion nous enſeigne que Dieu a daigné ſe communiquer pour l'inſtruire de ce qu'il lui étoit néceſſaire de ſavoir ſur l'eſſence divine, & ſur ſa propre nature, ſources de ſes devoirs, tant envers l'Être ſuprême, qu'envers ſes ſemblables.

Pour connoître ſi cette communication eſt poſſible, il faut examiner les preuves de l'exiſtence de *Dieu*, c'eſt-à-dire, d'un Être exiſtant par lui-même, qui n'ayant pu être borné dans ſes perfections par aucun autre, les réunit toutes dans un degré infini, & à ce titre eſt le Créateur, ou au moins le Fondateur de toutes les loix que nous voyons obſervées dans le monde.

Cet examen ſuppoſe la poſſibilité d'un principe tellement conſtant, que tous les hommes en demeurent convaincus malgré eux, en ſorte qu'ils ne puiſſent ſe refuſer à ſon évidence.

Si ce principe n'exiſtoit pas, ſi l'homme n'avoit aucun moyen de parvenir à la connoiſſance de la vérité, toutes ſes études, toutes ſes recherches ſeroient vaines. Ainſi le *Scepticiſme* conſidéré ſuivant l'étymologie du mot, comme un doute philoſophique, place l'ame dans une sorte d'équilibre qui la garantit de l'effort des passions, des préjugés, de la précipitation dans ses jugemens. Il est le moyen le plus sûr de tarir les sources de nos erreurs : mais le *Pyrrhonisme*, le doute réel & universel est une chimere qui ne peut entrer dans la tête d'aucun homme sensé.

Vous dites que rien n'est certain; mais affirmez-vous cette proposition? En ce cas, il y a au moins une chose certaine, selon vous-même, que l'homme nage dans une mer de probabilités & d'incertitudes, dont il lui est impossible de sortir. Cet Être ainsi flottant, agité par le torrent perpétuel des opinions, existe-t-il, ou non? S'il existe, il est une chose certaine, son existence. Si vous me dites que vous doutez, si vous doutez, que vous n'êtes pas assuré de votre propre existence, je n'ai plus à vous répondre, vous êtes dans le délire.

Lorsque nous cherchons la preuve de notre existence, il nous est impossible d'en assigner d'autre que le sentiment intérieur que nous en avons, & ce raisonnement : *Je pense, je sens ; donc j'existe.*

Ce raisonnement mé conduit à l'examen d'un reproche que nos Sages, & notamment l'Auteur du Systême de la Nature, font aux Théologiens ou Déicoles de tous les siecles, comme il les appellent, de rapporter l'exiftence de tous les êtres à eux-mêmes, de fe fuppofer gratuitement le centre de l'univers, & de forger leur Dieu à leur image.

Objection, que l'homme fe fait le centre de l'Univers.

» L'homme (dit l'Auteur du Syftême de la Nature (a)) fe fait toujours le centre de l'univers. C'eft à lui-même qu'il rapporte tout ce qu'il y voit. Dès qu'il croit entrevoir une façon d'agir qui a quelques points de conformité avec la fienne, ou quelques phénomenes qui l'intéreffent, il les attribue à une caufe qui agit comme lui, qui a fes mêmes intérêts, fes mêmes projets, fa même tendance. En un mot, il s'en fait le modele : c'eft ainfi que l'homme ne voyant hors de fon efpece, que des êtres agiffans différemment de lui, croyant cependant remarquer dans la nature un ordre analogue à fes propres idées, des vues conformes aux fiennes, s'imagina que cette nature étoit gouvernée par une caufe intelligente à fa maniere, à laquelle il fit l'honneur de cet ordre, & des vues qu'il avoit lui-même. Il eft vrai que l'homme fe fentant incapable de produire les effets vaftes & multipliés qu'il voyoit s'opérer dans l'uni-

____

(a) Syftême de la Nature, tom. 1, chap. 5, pag. 67.

» vers, fut forcé de mettre une diffé-
» rence entre lui & cette cause invisible
» qui produisoit de si grands effets. Il crut
» lever la difficulté, en exagérant en elle
» toutes les facultés qu'il possédoit lui-même ;
» c'est ainsi que peu à peu il parvint à se
» former une idée de la cause intelligente
» qu'il plaça au dessus de la nature pour pré-
» sider à ses mouvemens, dont il se crut in-
» capable lui-même ? «

» Nous ne jugeons jamais, dit ailleurs le
» même Auteur (a), des objets que nous igno-
» rons, que d'après ceux que nous sommes à
» portée de connoître. L'homme, d'après lui-
» même, prête une volonté, de l'intelligence,
» des projets, des passions, en un mot, des qua-
» lités analogues aux siennes, à toute cause
» inconnue qu'il fait agir sur lui. Dès qu'une
» cause visible ou supposée l'affecte d'une fa-
» çon agréable ou favorable à son être, il la
» juge bonne & bien intentionnée pour lui.
» Il juge au contraire que toute cause qui
» lui fait éprouver des sensations fâcheuses,
» est mauvaise par sa nature, & dans l'inten-
» tion de lui nuire. Il attribue des vues, un
» plan, un système de conduite à tout ce qui
» paroît produire des effets liés, agir avec

Développé-
ment de l'ob-
jection contre
la principale
preuve de
l'existence de
Dieu.

(a) Tome 2, chap. 1, pag. 4 & 12.

B iv

» ordre, avec fuite. D'après ces idées que
» l'homme emprunte toujours de lui-même
» & de fa propre façon d'agir, il aime ou
» il craint les objets qui l'ont affecté. Il s'en
» approche avec confiance ou avec crainte;
» il les cherche, ou il les fuit quand il croit
» fe fouftraire à leur puiffance ; bientôt il
» leur parle, il les invoque, il les prie de
» lui accorder leur affiftance, ou de ceffer de
» l'affliger, &c. «.

» (a) Le mot Dieu eft deftiné à me repré-
» fenter un objet qui ne peut agir fur aucun
» de mes organes, & dont par conféquent il
» m'eft impoffible de conftater ni l'exiftence,
» ni les qualités. Cependant, pour fuppléer aux
» idées qui me manquent, mon imagination,
» à force de fe creufer, compofera un ta-
» bleau quelconque avec les idées ou cou-
» leurs qu'elle eft toujours forcée d'emprunter
» des objets que je connois par mes fens. En
» conféquence je me peindrai ce Dieu fous
» les traits d'un Vieillard vénérable, ou fous
» ceux d'un Monarque puiffant, ou fous ceux
» d'un homme irrité, &c. «.

On fe pro-
pofe d'exa-
miner en Dans un autre lieu (b) l'Auteur développe
avec plus d'étendue, comment, felon lui, l'o-

____

(a) Syft. de la Nat. Tom. 1, chap. 10, pag. 179.
(b) *Idem.* Tom. 2, chap. 1 & 2.

pinion de l'exiſtence de *Dieu* s'eſt accréditée chez tous les peuples, à l'occaſion des révolutions que la ſurface de la terre a éprouvées en différens temps, par la ſenſation du mal phyſique, bien plus que par l'admiration de l'ordre & des merveilles de la Nature. Je me propoſe d'examiner par la ſuite, s'il eſt vrai que la croyance de tous les peuples ſur l'exiſtence de *Dieu* n'ait d'autre baſe que les ſenſations douloureuſes, & en le ſuppoſant, quelle conſéquence on pourroit tirer de ce ſyſtême, contre la réunion de tant de ſuffrages. Mais de ce que l'homme a trouvé en lui-même les matériaux dont il a formé l'idée de Dieu, ſuis-je en droit de conclure que cette idée ſoit un fantôme enfant de l'imagination? C'eſt la premiere queſtion que je me crois obligé d'examiner, par ſa liaiſon avec le premier principe de toutes nos connoiſſances.

Le jugement par lequel l'homme ſe fait le centre de l'univers, eſt ſouvent précipité ſans doute. Qui lui a dit qu'il n'exiſtoit pas dans la nature une multitude d'êtres ſupérieurs à lui, comme il en exiſte une multitude qui lui ſont inférieurs? Qui lui a dit que ces êtres tenant à lui par quelque point de reſſemblance, n'en different pas par une multitude d'autres? S'il conſulte la probabilité, pourquoi ſe figu-

rera-t-il que ces globes immenfes qui roulent
fur nos têtes, font déferts & inhabités; que
cette machine, dont les bornes nous font inconnues, n'a été fabriquée que pour un point
prefque infenfible dans cette étendue infinie,
la terre que nous habitons? S'il confulte l'expérience, elle lui apprend que tous les êtres
ont une relation directe entr'eux; que les trois
regnes de la Chymie fe communiquent par une
dégradation fucceffive; qu'il exifte des végétaux qui participent de la nature des minéraux, des plantes telles que les polypes qui ont
plufieurs reffemblances avec les animaux (a);

(a) » On peut affurer, fans crainte de trop avancer (dit M.
» de Buffon, Hiftoire Naturelle des animaux, t. 3, ch. 8 ,)
» que la grande divifion des productions de la nature, en
» *animaux*, *végétaux & minéraux*, ne contient pas tous
» les êtres matériels ; il exifte..... des corps organifés
» qui ne font pas compris dans cette divifion. Nous avons
» dit que la marche de la nature fe fait par degrés nuan-
» cés, & fouvent imperceptibles. Auffi paffe-t-elle par des
» nuances infenfibles de l'animal au végétal ; mais du vé-
» gétal au minéral le paffage eft brufque, & cette loi de
» n'aller que par degrés nuancés paroît fe démentir. Cela
» me fait foupçonner qu'en examinant de près la nature,
» on verroit à découvert des êtres intermédiaires, des corps
» organifés, qui, fans avoir, par exemple, la puiffance de fe
» reproduire, comme les animaux & les végétaux, auroient
» cependant une efpece de vie & de mouvement; d'autres
» êtres qui, fans être des animaux ou des végétaux, pour-

qu'enfin, dans les animaux même, on apperçoit une progreſſion juſqu'à l'homme, & qu'il en eſt qui le ſurpaſſent en intelligence en pluſieurs points.

Cependant, lorſque *nous ne jugeons des objets que nous ignorons, que d'après ceux que nous ſommes à portée de connoître*, nous ſuivons la marche de la Nature. Notre imagination prête quelquefois à des probabilités, à des conjectures, la force de l'évidence : c'eſt une des ſources de nos erreurs ; mais puiſque nous ne connoiſſons notre exiſtence même que par le ſentiment intérieur, nous ne pouvons connoître celle des êtres qui nous environnent, que par approximation avec nous-mêmes.

L'expérience, dit-on, doit être notre guide ; c'eſt par elle que nous avons acquis toutes nos

» roient bien entrer dans la conſtitution des uns & des » autres ; & enfin d'autres êtres qui ne ſeroient que le pre- » mier aſſemblage de molécules organiques «.

M. de Buffon conjecture que les œufs ſont une ſorte d'intermédiaire entre le végétal & le minéral, & que ces animalcules que les Anatomiſtes ont cru voir dans la ſemence de l'homme, & dans celle des autres animaux, qu'on apperçoit même dans les amandes & dans les autres graines des végétaux, & que M. de Buffon ne regarde que comme des machines propres à la nutrition, & à la reproduction de l'animal ou du végétal, des *molécules organiques*, ainſi qu'il les appelle, ſont les intermédiaires établis par la nature entre toutes les parties de la matiere.

idées. L'Auteur du Syſtême de la Nature, développe dans un chapitre particulier, *la maniere dont ſe forment en nous les facultés intellectuelles par la ſeule faculté de ſentir (a).* Cette diſcuſſion trouvera ſa place dans un autre lieu. Mais qu'eſt-ce que l'expérience, ſinon l'épreuve de nos ſenſations, & les conſéquences que nous en tirons, en vertu de la faculté que nous avons de les comparer? Quelle que ſoit la nature de cette faculté, il en réſulte que la connoiſſance que nous avons de notre exiſtence par le ſens intime, & le peu de lumieres que cette connoiſſance nous donne ſur la nature de notre être, ſont les ſeuls moyens que la Nature nous fourniſſe pour connoître les objets extérieurs, que nous ne pouvons rejetter le ſens intime, ni les conſéquences qui en réſultent, ſans tomber dans un pyrrhoniſme abſurde.

§ II.

Hypotheſe d'un homme jetté ſur la terre par la Nature, avec une organiſation complette; progrès de ſes connoiſſances. En quoi cette hypotheſe differe de la vérité?

D'un moyen propre à nous dégager des préjugés.

Nous devons redouter, ſur toutes choſes, dans la recherche de la vérité, les préjugés,

---

(a) Syſt. de la Nat. Tom. 1, chap. 8.

enfans de l'habitude, de l'opinion, de l'éducation, qui nous font admettre des principes dont nous n'avons pas approfondi la certitude.

Pour nous délivrer de ces entraves, il faudroit nous reporter au premier moment de notre exiftence. Mais la marche de la Nature eft fi lente, notre organifation eft fi foible dans ces premiers inftans, que la mémoire ne peut nous être d'aucun fecours, lorfque nous cherchons à nous rappeller nos premieres fenfations, nos premieres penfées. Le cerveau alors trop flexible n'a reçu que des impreffions foibles, effacées par toutes les traces qui s'y font gravées dans les temps poftérieurs.

Effayons cependant de nous détacher, par une abftraction volontaire, de toutes les connoiffances acquifes, pour nous placer dans l'état d'un homme tel que les livres des Juifs nous peignent *Adam* au moment de la création, jeté pour ainfi dire dans le monde avec une organifation parfaite, fans autre fecours, pour parvenir à la découverte de la vérité, que le fens intime & la faculté de combiner fes fenfations ; nous chercherons enfuite en quoi cette hypothefe differe de la vérité.

Si vous envifagez cet homme que je nommerai *l'homme de la Nature*, (non parce qu'il se forme ainsi dans l'ordre naturel, mais parce que dépouillé, comme je le suppose, des préjugés que nous recevons de l'éducation & de la communication avec les autres hommes, il lui est impossible de suivre d'autre marche que celle de la Nature, pour parvenir à la connoissance de son être, & à celle des objets extérieurs,) assailli en même temps par tous ces objets qui excitent en lui des sensations, immobile au milieu de leurs attaques, occupé à débrouiller ce chaos, un sentiment unique s'éleve en lui, celui de son existence. Il me semble l'entendre raisonner ainsi :

De deux vérités métaphysiques qu'un tel homme découvriroit par le sens intime.

» J'ignore quelle est la cause des impressions que j'éprouve ; mais rien n'agit sur le néant ; j'existe donc, & je n'existe pas seul ; car il existe encore quelque être qui agit sur moi.

» J'existe, & je n'existois pas il y a un moment ; car je n'éprouvois rien de ce que je sens maintenant «.

Deux vérités dont l'homme que je viens de vous décrire est pénétré, auxquelles il lui est impossible de se refuser.

Il est donc des vérités *métaphysiques*, c'est-à-dire, indépendantes de la connoissance de la Nature, dont le seul sentiment intérieur suffit pour nous convaincre.

Ce feroit la conféquence que l'homme que je viens de dépeindre tireroit au premier inf-tant où il commence à fortir du trouble dans lequel fon exiftence même l'a jeté, fi fes idées étoient alors affez développées.

Je dis qu'il exifte des vérités indépendantes de la connoiffance de la Nature; car l'homme, tel que je le fuppofe, ne fait pas encore s'il eft d'autres êtres dans le monde, que lui & celui par lequel il exifte.

Il eft poffible que l'être qui lui a donné l'exiftence, foit l'auteur de tous les mouve-mens qu'il éprouve : cette idée lui paroîtra même d'abord la plus vraifemblable. Pourquoi fuppoferoit-il d'autres êtres que ceux dont l'exiftence lui eft demontrée? Mais cette illu-fion fera bientôt diffipée.

Je vous ai peint cet homme immobile. Bientôt fes nerfs trop tendus feront contraints, par l'effort de la circulation, de fe relâcher; fes yeux ne pourront demeurer fixes, il les portera naturellement fur fon corps, c'eft-à-dire, fur cette machine qui l'enveloppe, & que le fentiment intérieur lui découvre déjà intimement liée à fon exiftence; car il eft bien loin de diftinguer fon corps, de l'être qui penfe & qui fent en lui.

Des autres vérités phyfi-ques & mo-rales qui le rameneront à la certitude de l'exiftence d'un auteur de fon être.

Je doute que le mouvement de fes yeux

foit affez fenfible pour lui apprendre ce que c'eft que mouvement, c'eft-à-dire, tranfport d'un lieu en un autre; mais la circulation continuant d'agir fur fes mufcles, forcera fes jambes de quitter la place qu'elles occupoient. Il leve un bras, puis un autre; avance un pied, puis l'autre; enfin il fe meut en entier, c'eft-à-dire qu'il change de place, & déjà les objets extérieurs en changent relativement à lui.

Qu'eft - ce que cette terre fur laquelle il marche? Elle eft évidemment diftincte de lui, & fans doute de l'être par lequel il exifte. Un arbre fe préfente à fa vue, il y porte la main; un fruit fe détache, le parfum qu'il répand, l'engage à approcher ce fruit de fa bouche; une faveur agréable fe fait fentir à fon goût, il en mange, & fes forces réparées lui font éprouver un bien-être inattendu; un doux zéphir le rafraîchit & l'engage à faire de nouveaux effais; le chant des oifeaux charme fon oreille: combien d'objets extérieurs fe préfentent à lui en même temps! Il n'a pas la même certitude de leur exiftence, que de la fienne propre. Cependant fuppofera-t-il que les impreffions que ces objets font fur lui, font une illufion de l'être qui lui a donné l'exiftence? Ce pouvoit être fa premiere penfée,

lorfque

lorfque n'ayant fait aucun mouvement il ne
connoiffoit les objets extérieurs, que par le
fens intime & confus des impreffions qu'il
en recevoit; mais depuis qu'il a éprouvé fes
forces, qu'il a fenti qu'il agiffoit fur les objets
extérieurs, comme ces objets agiffent fur lui,
je doute qu'il héfite à les regarder comme les
caufes des mouvemens qu'il éprouve à leur
afpect & à leur contact. Il demeurera donc
convaincu de l'exiftence d'une multitude d'ê-
tres différens de lui, & de celui par lequel il
exifte.

Suppofons encore que cet homme ne foit
pas feul de fon efpece dans le monde, qu'il
rencontre des êtres femblables à lui, agités
des mêmes mouvemens & des mêmes penfées,
& qu'une langue commune les mette à portée
de lui exprimer leurs penfées & leurs fenfations; pourquoi refuferoit-il à des êtres auxquels ils trouve une fi grande reffemblance
avec lui, une exiftence femblable à la fienne?

Ces preuves ne font que morales, puifqu'elles dépendent des connoiffances acquifes,
& qu'elles admettent une poffibilité contraire;
cependant je n'imagine pas qu'elles laiffent aucun doute dans l'efprit (a) de l'homme de la

____

(a) Je me fers ici du mot *efprit* pour me rapprocher de la façon de parler ordinaire, ne me propofant

nature. Il existe donc des preuves morales auxquelles il est aussi impossible de se refuser, qu'à la preuve métaphysique. (a)

---

pas d'examiner dans ce chapitre, si l'être qui sent & qui pense en nous, est différent de la matiere. Les Matérialistes eux-mêmes sont forcés de se servir de ce mot, comme ceux qui nient l'existence d'un Être Créateur, ou Instituteur des Loix de la Nature, ne peuvent exprimer ses opérations qu'en personnifiant la Nature. J'examinerai par la suite quelle conséquence on doit tirer de cette nécessité dans laquelle les Athées se trouvent de s'écarter, au moins dans l'expression, de leurs propres principes.

(a) Je n'ai pas mis les vérités *mathématiques* au nombre de celles que l'homme de la nature découvriroit par le seul sentiment de son existence, parce que les propositions mathématiques ne font des vérités, que de convention & de définition, que la démonstration du théorême ne contient que l'explication de la proposition annoncée, que les corollaires, les théorêmes postérieurs font le développement de cette proposition, ou de celles qui ont été précédemment démontrées. C'est de ce principe que dérive la certitude de la vérité mathématique : d'où il résulte que ces vérités artificielles, s'il m'est permis de parler ainsi, ne font pas du genre de celles que l'homme découvre par le sentiment intérieur de son existence. *Les Mathématiques ne font qu'une langue*, comme l'observe & le démontre l'Auteur de la Préface du Dictionnaire Encyclopédique. » Il » y a plusieurs especes de vérités (*dit M. de Buffon, » premier discours de la maniere d'étudier & de traiter » l'Histoire Naturelle*), & on a coutume de mettre dans » le premier ordre les vérités mathématiques. Ce ne font

. J'ai fait parcourir trop de chemin à l'homme
de la nature. Revenons sur nos pas.

—————

» cependant que *des vérités de définition*. Ces définitions
» portent sur des suppositions simples, mais abstraites, &
» toutes les vérités en ce genre ne sont que des consé-
» quences composées, mais toujours abstraites de ces dé-
» finitions. Nous avons fait les définitions ; nous les avons
» combinées de toutes les façons : ce corps de combinai-
» sons est la science mathématique. Il n'y a donc rien dans
» cette science, que ce que nous y avons mis . . . . Ce
» qu'on appelle vérités mathématiques, se réduit donc à
» des identités d'idées, & n'a aucune réalité. Nous sup-
» posons, nous raisonnons sur nos suppositions, nous en
» tirons des conséquences, nous concluons : la conclu-
» sions, ou derniere conséquence est une proposition
» vraie, relativement à notre supposition ; mais cette
» vérité n'est pas plus réelle que la supposition elle-
» même «.

Telle est l'évidence de ces propositions que les Disciples de
Descartes ont regardées comme les conséquences d'idées in-
nées, parce que le seul énoncé de la proposition porte dans
l'esprit une lumiere plus vive que toutes les démonstrations.
*Il est impossible qu'une chose soit & ne soit pas en même
temps :* — sans doute ; car dire qu'une chose *est*, c'est nier
qu'elle ne soit pas. *Le tout est plus grand que sa partie.*
— Oui, car qui dit *le tout*, suppose la réunion de toutes les
parties qui le composent. Ces propositions sont des vérités,
parce que les idées desquelles résulte le jugement que
nous portons, produisent nécessairement le même effet,
quelle que soit l'origine de ces idées, & sous quelques formes
qu'elles soient présentées.

C ij

Il a connu le mouvement par son changement de place. Il a éprouvé que les objets extérieurs en étoient susceptibles, lorsqu'approchant sa main d'un fruit qu'il voyoit suspendu à un arbre, ce fruit s'est détaché, qu'il l'a porté à sa bouche. Tout ceci s'est opéré suivant des regles fixes & immuables; il les ignore, & à peine ose-t-il appeller l'expérience à son secours. Il a approché sa main d'un autre fruit qui s'est détaché comme le

---

On en peut dire autant de toute démonstration, en quelque genre que ce soit; elle n'est telle, qu'autant que les conséquences sont contenues dans la proposition principale. Ce que j'entreprends de prouver dans ce Livre, c'est que l'existence de Dieu, la possibilité, la vraisemblance, la nécessité d'une révélation, & toutes les propositions intermédiaires qui nous conduisent à cette conséquence, sont contenues, dans le sentiment de notre existence & de notre liberté : mais ce sentiment n'est pas une supposition; il est inné en nous, puisqu'il est le principe & la base de toutes nos connoissances.

J'appelle ici vérités morales, toutes celles dont la certitude ne résulte pas du sentiment intime de notre existence. Sous ce point de vue, les vérités physiques que nous connoissons par l'expérience, produisent en nous une certitude morale par opposition à la certitude métaphysique. Il est un autre genre de certitude morale proprement dite, c'est celle des faits que nous connoissons par le témoignage d'autrui; mais il n'en peut être question dans ce chapitre. J'en traiterai. *Part. 4. ch. 1, §. 4, n. 2.*

premier ; mais n'étant pas à portée de le recevoir , une maffe pefante & compacte eft
tombée fur fon pied , '& a porté dans fon
ame une fenfation douloureufe , au lieu du
plaifir qu'il en attendoit. Cette épreuve le
rend timide. Qui fait fi de pareilles aventures
ne lui arriveront pas fréquemment , fi l'objet
qu'il aura mis en mouvement ne fe retournera
pas contre lui , pour lui faire éprouver une
fenfation pénible ?

L'homme de la nature feroit porté à perfonnifier tous les êtres ; & , comme le fentiment intérieur lui apprend qu'il dirige à fon
gré une partie de fes mouvemens , il fe per-
fuaderoit aifément qu'une volonté femblable
dirige les autres êtres ; qu'il en eft de malfai-
fans qui ne fe rapprochent de lui que pour
lui nuire , comme il en eft qui le flattent &
le protégent : mais l'expérience le détrompera
bientôt.

Le defir de connoître & le befoin le né-
ceffitent à de nouvelles épreuves. Il faifit un
fruit rond , une motte de terre dont il forme
une boule. Il la pouffe horizontalement fur la
furface de la terre : elle parcourt un certain
efpace , & s'arrête enfuite , ou change de direction à l'approche de quelque autre objet.
Cette expérience , fouvent répétée , toujours

avec fuccès, lui fait connoître qu'il eft des loix fixes du mouvement des corps, & qu'une de ces loix les contraint de fuivre la direc-rection qui leur a été donnée jufqu'à ce qu'ils rencontrent un obftacle qui les arrête, ou qui change leur direction.

Un fruit fe détache d'un arbre, une pierre d'une montagne. Il les voit fe précipiter vers la terre fur laquelle il marche. Une grêle furvient, & fes globules détachés de la nue ont une direction uniforme vers la furface de la terre. Cette expérience lui apprend que tous les corps ont une tendance naturelle au centre de leur mouvement, lorfqu'aucune force ne les arrête, ni les éloigne.

Cette phyfique eft bien fimple, & toutefois elle eft la loi de toute la nature, & peut-être le principe de tous les phénomènes qu'elle nous préfente.

Si les objets extérieurs font ainfi affujettis à des loix fixes, quelle en peut être la caufe?

Ici l'homme de la nature fera fans doute un retour fur lui-même.

Il exifte, & l'époque à laquelle il a com-mencé d'exifter, l'intéreffe trop pour n'être pas gravée dans fon efprit.

Il n'imaginera pas que fon exiftence foit le réfultat d'une combinaifon fortuite & in-

volontaire des êtres qui l'environnent : ce fyftême eft trop compliqué : il concevra plus
aifément que l'Être qui lui a donné l'exiftence, eft celui qui a produit tout ce qu'il
voit, qui a réglé tous les mouvemens de la
nature.

Quand je fuppofe que l'homme de la nature
tirera cette conféquence, ce n'eft pas que je
penfe qu'il s'élevera d'abord jufqu'à un Être
infini, incréé, fpirituel, qu'il fuppofera l'auteur de toutes chofes. Peut-être attribuera-
t-il fon exiftence & celle de tous les corps à
quelque objet fenfible qui le frappe par fon
éclat & par fa force, tel que le foleil qui
étonne fes yeux par l'activité de fa lumiere,
qui rend le reffort à fes membres glacés par le
froid, & les épuife par la continuité de fon
action qui lui paroît tenir toute la nature
dans fa dépendance. Il me fuffit que l'homme
de la nature foit conduit par la notion même
de fon exiftence, & par les expériences les
plus fimples jufqu'à la connoiffance d'un Être
exiftant par lui-même, hors de la fphere de
tous les objets qui l'environnent, Créateur,
ou au moins Inftituteur des loix qu'il a ob-
fervées dans tous les corps, fur lefquels il a
tenté fes premieres épreuves.

Je doute qu'il multiplie cet être : qui

pourroit l'y déterminer ? L'exiſtence d'un Être infiniment puiſſant dont il tient ſa propre exiſtence, lui paroît néceſſaire ; mais il n'a aucune raiſon d'attribuer à un autre la même puiſſance.

C'eſt ainſi que l'idée de Dieu ſe forme en nous du ſentiment de notre exiſtence, & des ſenſations produites par les objets extérieurs.

Je paſſe à l'objection que j'ai prévue. Vos raiſonnemens, dira-t-on, ſont appuyés ſur une hypotheſe qui n'eſt pas conforme à la marche de la nature.

Objection, que notre hypotheſe eſt une fiction contraire à la nature.

(a) » L'homme dans ſon origine n'eſt qu'un
» point imperceptible dont les parties ſont
» informes, dont la mobilité & la vie échap-
» pent à nos regards, en un mot dans le-
» quel nous n'appercevons aucuns ſignes des
» qualités que nous appellons *ſentiment*, *in-*
» *telligence*, *penſée*, *force*, *raiſon*, &c. placé
» dans la matrice qui lui convient : ce
» point ſe développe, il s'étend, il s'accroît
» par l'addition continuelle de matieres ana-
» logues à ſon être qu'il attire, & qui ſe com-
» binent avec lui. Sorti de ce lieu propre à
» conſerver pendant quelque temps les

(a) Syſtême de la Nature, tom. 1, chap. 6, pag. 72
& 73.

» foibles rudimens de la machine, il devient
» adulte ; son corps a pris alors une étendue
» considérable, ses mouvemens sont mar-
» qués ; il est sensible dans toutes ses parties ;
» il est devenu une masse vivante & agissante,
» c'est-à-dire, qui sent, qui pense, qui rem-
» plit les fonctions propres aux êtres de l'es-
» pece humaine : elle n'en est devenue suscep-
» tible, que parce qu'elle s'est peu à peu ac-
» crue, nourrie, réparée à l'aide de l'attrac-
» tion, & de la combinaison continuelle qui
» s'est faite en elle de matieres du genre de
» celles que nous jugeons inertes, insensibles,
» inanimées : ces matieres néanmoins sont
» parvenues à former un tout agissant, vi-
» vant, sentant, jugeant, raisonnant, vou-
» lant, délibérant, choisissant, capable de
» travailler plus ou moins efficacement à sa
» propre conservation, c'est-à-dire, au main-
» tien de l'harmonie dans son existence «.

Telle est constamment la marche de la
nature dans la formation de notre corps. Je
n'examine pas, quant à présent, si la pensée,
le sentiment & la volonté si différens de
toutes les opérations méchaniques, sont produits en nous par un être d'une autre nature
que la machine qui nous environne, uni si
étroitement avec elle qu'il la domine & en

En quoi notre hypothese differe de la réalité ?

foit dominé à fon tour. Je traiterai ailleurs
cette queftion. Je fuppofe que l'homme ne
foit en effet qu'un (a) *être matériel, organifé
ou conformé de maniere à fentir, à penfer, à
être modifié de certaines façons propres à lui
feul, à fon organifation, aux combinaifons particulieres des matieres qui fe trouvent raffemblées
en lui ;* au moins eft-il certain que, parvenu
au degré de force qui le rend capable de ces
opérations, l'homme *penfe & fent*, & par
conféquent qu'il eft convaincu de fa propre
exiftence par le fentiment intérieur. Si ce fentiment même vous paroiffoit une illufion, je
vous demanderois qui produiroit en nous
cette illufion ? & je vous obligerois de recourir à quelque agent extérieur d'où réfultât
cet effet, ou de l'attribuer à la combinaifon de
tous les êtres qui compofent ce que vous appellez le *grand tout*, *la nature*, dont vous ne
pouvez nier l'exiftence. Plus vous fuppoferez
l'homme un être fimple, compofé uniquement
de matiere organifée, plus il fera évident que les
idées n'ont pu fe former en lui qu'à l'aide des fens
& de l'expérience ; & par conféquent que mon
hypothefe ne differe de la vérité, qu'en ce que
j'ai fuppofé ces expériences faites par un
homme formé, capable de fuivre avec plus

(a) Syft. de la Nat. *Ibid.* page 80.

de fermeté & d'exactitude les conséquences qui résultent de ses épreuves, dont la mémoire auroit assez de solidité pour conserver les traces qui y seroient empreintes, & lui rappeller les impressions qu'il auroit reçues, les réflexions qu'il auroit faites, pour le mettre en état de combiner ses perceptions & ses idées, ce que l'enfant ne peut faire que difficilement, ou au moins ce qu'il fait dans un âge dans lequel les organes du cerveau sont trop foibles pour conserver les traces des impressions qu'il a reçues.

Je dis que l'enfant fait ces mêmes réflexions avec plus ou moins de promptitude & de tenacité. Considérez ses mouvemens dès l'âge le plus tendre, vous appercevrez que tout est expérience chez lui : une horloge sonne ; elle excite dans son oreille une vibration inconnue, & attire son attention d'une maniere sensible : un objet nouveau se montre à sa vue, il excite sa joie ou sa crainte, suivant l'impression qu'il fait sur ses organes. La lumiere qui agite ses fibres par une vibration douce, le réjouit ; tous les mouvemens violens & rapides l'effraient ; il porte sa main sur tous les corps qui se présentent ; & si personne ne le retient, il tentera sur tous des expériences. C'est ainsi qu'il s'instruit par degrés de la folidité de quelques-uns, de la fluidité des autres, de la force de la pefanteur qui les attire vers la terre, de leur direction, & des loix du mouvement.

§. I I I.

Conféquences qui réfultent du fentiment de notre exiftence. Réponfe à une objection générale de l'Auteur du Syftême de la Nature, fur les qualités qu'on attribue à l'Être infini.

Deux conféquences que tous les peuples ont tirées du fentiment de notre exiftence.

Sont elles précipitées?

De la conviction de notre exiftence, & des loix invariables qui régiffent le monde, tous les peuples ont tiré cette conféquence, qu'il exifte un agent fupérieur à la matiere qui lui a impofé ces loix.

Cette conféquence eft-elle précipitée? Eft-il plus naturel de penfer que la matiere feule produit par fes *propriétés*, par fon *énergie*, par fon *effence*, les effets que nos fens nous font appercevoir? C'eft ce que je me propofe d'examiner par la fuite: mais quelque fyftême qu'on adopte, on ne peut fe difpenfer d'admettre deux conféquences qui réfultent de la connoiffance que nous avons de notre exiftence.

La premiere, qu'il y a un Être néceffaire exiftant par lui-même.

La feconde, que cet Être, quel qu'il foit,

eſt *infini* & *éternel ;* car s'il avoit des bornes, qui auroit pu les lui donner ? S'il avoit eu un commencement, ou qu'il dût avoir une fin, il ne feroit pas l'Être *néceſſaire.*

Nous ſommes une partie de cet Être, ou nous ſommes ſa créature & ſon ouvrage.

Nous ſommes une partie de l'Être néceſ-ſaire, ſi cet Être n'eſt autre que la matiere univerſelle, la machine du monde, ce que nos Sages nomment *le grand-tout.*

Si vous admettez la néceſſité de l'exiſtence de la matière, & qu'elle ſoit cependant régie par un Être ſouverainement intelligent qui lui ait donné les loix auxquelles elle eſt aſſujettie, il ſe trouvera deux êtres néceſ-ſaires ; ce qui implique contradiction : je le prouverai, & la choſe eſt évidente par elle-même.

Mais ſi la matiere & le monde ſont l'ou-vrage d'un Être ſupérieur à la matiere ; cet Être eſt le ſeul néceſſaire, celui que vous nommez *Dieu : Je ſuis* (dit Dieu dans les livres des Juifs (a)) *celui qui eſt.*

L'Auteur (b) du Syſtême de la Nature fait lui-même dériver le nom de *Dieu, Deus* en

____

(a) Exode, ch. 3, v. 14.
(b) Tom. 2, ch. 2, pag. 38.

latin, Θεός en grec, du verbe τίθημι, je pose, comme qui diroit le *poseur*, le *fondateur* du monde.

Ces réflexions répondent à une objection de cet Auteur contre l'existence de Dieu. (a)

» Les attributs théologiques ou méta-
» physiques de Dieu, dit-il, ne sont en effet
» que de pures négations des qualités qui se
» trouvent dans l'homme ou dans tous les
» êtres qu'il connoît. Ces attributs supposent
» la Divinité exempte de ce qu'il nomme en
» lui-même, ou dans tous les êtres qui l'en-
» tourent, des foiblesses & des imperfec-
» tions ; dire que Dieu est *infini*, c'est affir-
» mer qu'il n'est point comme l'homme, ou
» comme tous les autres êtres que nous con-
» noissons, circonscrit par les bornes de l'es-
» pace ; dire que Dieu est *éternel*, signifie
» qu'il n'a point comme nous, ou comme ce
» qui existe, un commencement, & qu'il
» n'aura point de fin. Dire que Dieu est *immua-*
» *ble*, c'est prétendre qu'il n'est point comme
» nous, ou comme ce qui nous environne,
» sujet au changement ; dire que Dieu est
» *immateriel*, c'est annoncer que sa substance
» ou son essence sont d'une nature que nous

______

(a) *Ibid.* Ch. 3, pag. 58.

» ne concevons point, mais qui doit dès-
» lors être différente de tout ce que nous
» connoiffons.

Sans doute, Monfieur, que l'infini eft la négation du fini. Voilà, quant au mot : mais fi nous examinons la chofe, ne feroit-ce pas au contraire le fini qui feroit la négation de l'infini ?

Être *fini* ou borné dans fon exiftence, c'eft ne point exifter au delà des limites que la nature à mifes à notre exiftence : être fini ou borné en puiffance, en intelligence, en perfection, c'eft ne pouvoir rien, ne rien connoître, n'avoir aucune vertu au delà du terme qui nous eft prefcrit par la nature.

Être *infini* au contraire, c'eft exifter par foi-même, être par-tout, pouvoir tout, avoir toutes les vertus, toutes les perfections.

Être *éternel*, c'eft n'avoir eu aucun commencement, & ne devoir pas finir ; mais qu'eft-ce qu'avoir un commencement & une fin, finon n'avoir pas toujours été, ou devoir ceffer d'exifter, fortir du néant & devoir y rentrer ?

La négation eft-elle dans l'Être ou dans le néant ? Quelque fyftême que vous adoptiez, ces qualités font de l'effence de l'Être néceffaire ; le feul nom le porte,

Quant à *l'immutabilité* & à *l'immatérialité*, deux qualités dépendantes l'une de l'autre, si cet Être est la matiere, ce que vous appellez *le gand-tout*, agité par un mouvement de toutes ses parties qui constitue son essence, rien n'est moins *immuable*. Si l'Être nécessaire est au contraire un Être supérieur à la matiere, si elle tient de lui toutes les qualités que nous appercevons, & que vous attribuez à son *essence*, un tel Être toujours constant avec lui-même, n'est sujet à aucune révolution qui supposeroit une force supérieure à lui pour le contraindre au changement, ou un défaut de vues qui lui auroit caché une partie des effets que ses décrets devoient produire. Remarquez, Monsieur, que cette qualité *d'immuable*, n'est encore une négation que dans le mot, puisqu'elle présente l'idée d'une puissance, d'une sagesse, d'une prévoyance infinie.

Mais avant de nous déterminer sur la nature de l'Être nécessaire, que vous êtes forcé d'admettre avec moi, & de reprendre séparément les trois hypotheses que je vous ai présentées, sondons les bornes de nos connoissances, & examinons si nous sommes mieux instruits de l'essence de la matiere, que de celle de cet Être supérieur à la matiere que nous nommons *Esprit*.   CHAP.

CHAPITRE II.

QUE l'essence & les premiers principes des êtres nous sont inconnus : application de cette vérité à l'essence de la matiere & à celle de l'esprit : des définitions de l'Auteur du Systême de la Nature ; avec une dissertation sur le mécha-nisme de l'homme.

§. I.

De l'ignorance dans laquelle nous sommes de l'essence, & des premiers principes de la matiere.

J'OUVRE le Systême de la Nature, & j'y lis : (a)

    » Nous ne connoissons pas les élémens des » corps, mais nous connoissons quelques-» unes de leurs propriétés ou qualités, & » nous distinguons les différentes matieres » par les effets ou changemens qu'elles pro-» duisent sur nos sens, c'est-à-dire, par les » différens mouvemens que leur présence fait » naître en nous. Nous leur trouvons en con-» séquence de l'étendue, de la mobilité, de

Comment nous connois-sons quelques propriétés de la matiere.

____

(a) Tom. 1, ch. 3, pag. 32 & 33.

Tome I.　　　　　　　　　D

» la divisibilité, de la solidité, de la gravité,
» de la force d'inertie. De ces propriétés géné-
» rales, il en découle d'autres, telles que la
» densité, la figure, la couleur, le poids.
» Ainsi, relativement à nous, *la matiere en ge-*
» *néral est tout ce qui affecte nos sens d'une*
» *façon quelconque, & les qualités que nous*
» *attribuons aux différentes matieres, sont fon-*
» *dées sur les différentes impressions, ou sur les*
» *différens changemens qu'elles produisent en*
» *nous-mêmes.*

» L'on n'a pas jusqu'ici donné de la ma-
» tiere une définition suffisante. Les hommes
» trompés par leurs préjugés n'en ont eu que
» des notions imparfaites, vagues & super-
» ficielles. Ils ont regardé cette matiere
» comme un être unique, grossier, passif,
» incapable de se mouvoir, de se combiner,
» de rien produire par lui même ; au lieu
» qu'ils auroient dû la regarder comme *un*
» *genre d'êtres dont tous les individus divers,*
» *quoiqu'ils eussent quelques propriétés commu-*
» *nes, telles que l'étendue, la divisibilité, la*
» *figure, &c. ne devoient cependant point être*
» *rangés dans une même classe, ni être compris*
» *sous une même dénomination.* «

Analysons cette longue définition.

Conséquence de l'aveu de

Vous commencez par reconnoître que vous

ne pouvez juger de la matiere que par l'impression qu'elle fait fur vos fens. C'eft cette vérité que je vous faifois obferver dans le chapitre précédent. Quelque variété qui fe rencontre dans les ouvrages de la Nature, quoiqu'il foit poffible & vraifemblable même qu'il exifte une multitude d'êtres fupérieurs à nous, nous ne pouvons néanmoins juger de la nature des êtres, que par l'impreffion qu'ils font fur nous, & par la connoiffance que nous en donne le *fens intime* ; car les fenfations ne nous mettroient pas à portée de juger, s'il n'exiftoit un centre commun auquel elles fe rapportent, fi nous n'avions le pouvoir de les combiner, de les comparer. D'après cet aveu, que j'aurai foin de vous rappeller, je reprends votre raifonnement.

La matiere n'eft pas un être unique, groffier, paffif, incapable de fe mouvoir, de fe combiner, &c. — D'accord, Monfieur ; toutefois, puifque vous confidérez la matiere comme le feul être néceffaire, il faut que vous admettiez en elle une effence & des propriétés communes à toutes fes parties ; autrement il y auroit autant d'êtres néceffaires que de parties de la matiere ; ces efpeces n'auroient pas un genre commun, & par conféquent je ne

l'Auteur du Syftême de la Nature, que nous ne connoiffons ces propriétés que par l'impreffion qu'elles font fur nos fens.

Si les parties de la matiere n'ont pas une effence commune, elle n'eft pas l'être néceffaire.

D ij

vois pas pourquoi vous leur donneriez une dénomination commune.

Des quatre propriétés qu'on regarde comme formant l'essence de la matiere, & des contradictions qu'elles renferment.

Les propriétés essentielles de la matiere sont, selon vous-même, l'étendue, la divisibilité, la figurabilité, l'impénétrabilité (a), &c.

Si je vous démontre qu'il n'est aucune de ces propriétés qui ne présente des difficultés inexplicables, disons mieux, des contradictions palpables en apparence, avec les notions les plus évidentes vous serez forcé sans doute de convenir que nous ne connoissons pas l'essence de la matiere.

Je dis des contradictions ; car telle est la nature de l'infini, qu'étant impénétrable à un être borné qui n'a aucune mesure pour atteindre au principe commun qui lie ses propriétés, il est impossible qu'elles ne lui paroissent se choquer, se heurter. Notre imagination étant parvenue au terme de nos connoissances, nous trace des images d'objets qui n'existent pas réellement, comme notre vue

____

(a) N. B. Je n'ai pas compris parmi les propriétés que nous concevons essentielles à la matiere, la *solidité*, quoique M. 'Loke la joigne perpétuellement à l'étendue, parce que la *solidité* qui résulte de la réunion des parties, se trouve renfermée dans les autres propriétés que j'ai énoncées.

qui diſtingue nettement ce qui eſt à ſa portée, ne voit à l'extrémité de l'horiſon qu'une mer immenſe, dans laquelle elle croit ſouvent appercevoir des fantômes.

Appliquons cette obſervation aux propriétés conſtitutives de l'eſſence de la matiere. Je ſuivrai dans cette diſcuſſion un Auteur qui ne vous ſera pas ſuſpect.

” Qu'eſt-ce, dit Monſieur de Voltaire (a), ” qu'une matiere premiere, qui n'eſt rien des ” choſes de ce monde, & qui les produit ” toutes ? C'eſt une choſe dont je ne puis ” avoir aucune idée, & que par conſéquent je ” ne dois pas admettre. Il eſt bien vrai que je ne ” puis me former en général l'idée d'une ſubſ- ” tance étendue, impénétrable & figurable, ” ſans déterminer ma penſée à du ſable, à du ” limon, ou à de l'or, &c. ; mais cependant ” cette matiere eſt réellement quelqu'une de ” ces choſes, ou elle n'eſt rien du tout. De ” même, je puis penſer à un triangle en gé- ” néral, ſans m'arrêter au triangle équilaté- ” ral, au ſcalene, à l'iſocelle, &c. Mais il faut ” pourtant qu'un triangle qui exiſte ſoit l'un ” de ceux-là. Cette idée ſeule bien peſée, ſuffit

Que nous ne pouvons nous former d'idée de la matiere, ſans application à quelque objet.

____

(a) M. de Voltaire en ſes mélanges de Philoſophie, premiere partie, chap. 8.

» peut-être pour détruire l'opinion d'une ma-
» tiere premiere. «

Je ne peux me former d'idée de la matiere, que je ne la conçoive étendue, impénétrable, figurable : c'est par cet argument qu'on prouve que ces qualités sont essentielles à la matiere. Mais quand je remonte à l'origine de cette idée que j'ai de la matiere, je remarque que mes sens l'ont produite en moi. Mes yeux ont apperçu des figures diverses dans tous les corps : les dimensions de ces figures m'ont donné la notion de l'étendue. Quand j'ai voulu réunir plusieurs corps, j'ai observé que je ne pouvois le faire qu'en comprimant leurs parties, qu'en insérant les unes dans les autres, que chacun de ces corps occupoit alors un espace moindre qu'auparavant, que la même étendue n'étoit jamais occupée par les deux corps en même temps ; j'ai conclu de ces expériences, que la matiere étoit impénétrable.

Si je porte plus loin mes observations, les difficultés se multiplient. J'ai prononcé le mot *d'espace*, *d'étendue* en général : je conçois l'espace tellement inhérent à la matiere, que je ne peux me le représenter sans l'appliquer à quelque partie de la matiere. C'est de ce raisonnement que Descartes avoit conclu que tout étoit plein , qu'il n'exiſtoit aucun vuide dans le monde. Quel ſeroit ce vuide , diſoit-il ? Un eſpace , une étendue ſans matiere ? C'eſt ce que je ne puis concevoir. Cependant j'apperçois du mouvement dans la matiere. Quelques Philoſophes , notamment l'Auteur du Syſtême de la Nature (a) , mettent cette propriété au nombre de celles qui conſtituent l'eſſence de la matiere. Je ne m'occuperai pas de cette queſtion. Mais qu'eſt-ce que le mouvement , ſinon le changement de place ; & comment un corps pourroit-il changer de place , ſi tout étoit plein ? Pourrois-je élever le bras , ſi une maſſe immenſe s'étendoit de mon bras aux extrémités de l'univers ? L'air eſt élaſtique , il ſe comprime & ſe dilate ; mais il n'y auroit ni compreſſion , ni dilatation , ni légereté , ni peſanteur dans les corps , ſi tout étoit plein. Une livre de plumes eſt auſſi peſante qu'une livre d'or ; ſeulement l'une occupe plus d'eſpace que l'autre : ce qui ſeroit impoſſible , ſi les pores plus multipliés dans l'une que dans l'autre , étoient remplis d'une matiere auſſi compacte. Quelques efforts que vous faſſiez , vous ne vous tirerez pas de cet argument.

_____

(a) Tome 1 , chap. 2.

Direz-vous que la matiere subtile qui remplit ces pores, ne pese pas ? En ce cas, elle n'est pas sujette aux loix générales de l'impulsion, ou de l'attraction qui régissent tous les corps ; elle n'est pas matiere.

Il existe donc un espace qui pénetre trois les corps. Je dis qui pénetre ; car un pied de matiere occupe une étendue qui sera remplie un moment après par un pied d'autre matiere. L'espace occupoit donc le même lieu, il avoit les mêmes dimensions, la même configuration que le pied de matiere que je viens d'en tirer, & il a existé un instant, dans lequel cette étendue a été vuide, le moment du transport.

Comparaison de l'espace & de la durée.M. de Voltaire (a) compare, d'après Newton & Clarke, *l'espace* à la *durée*. Qu'est-ce que le temps ? qu'est-ce que l'éternité ? Nous ne pouvons nous en former une idée sans l'appliquer à une succession d'actes de mouvemens. Le temps est la succession des actes, des mouvemens que nous connoissons (b) ; il

______

(a) *Ibid.* Chap. 2.

(b) Je raisonne ici d'après le Systême de M. de Voltaire, qui a adopté la définition de Newton. Loke prétend que l'idée du temps & de la durée se forme en nous par la réflexion sur la succession de nos idées. Je rapporterai ses preuves dans ma seconde partie, chap. 6 : si elles sont confait partie de l'éternité, qui comprend tous les actes, tous les mouvemens, paffés, préfens & futurs, éternité qu'on ne peut fe difpenfer d'admettre, quelque fyftême qu'on adopte : je n'excepte pas même celui du fatalifme, qui ne connoît d'autre être néceffaire que la matiere, fon effence, fes propriétés, &c. ; car, dans ce fyftême, la matiere a exifté de tout temps.

Direz-vous que le *temps* & *l'éternité* font des abftractions métaphyfiques, que ces êtres n'ont aucune exiftence indépendante de la fucceffion d'actes & de mouvemens, qui les conftitue? Remarquez que vous n'en pouvez pas dire autant de l'étendue, parce que cette propofition fuppoferoit le plein de Defcartes, avec lequel tout mouvement eft impoffible; je viens de le prouver.

Direz-vous que le mouvement étant de l'effence de la matiere, elle n'a jamais exifté un feul inftant fans mouvement, & par conféquent que des portions de matiere en ont

Hypothefe de l'éternité du mouvement.
On préfente cette objection dans toute la force.

---

vaincantes, comme je le crois, elle ferviront à nous arrêter dans une multitude de jugemens que nous portons fur l'idée que Dieu a de la durée & de l'éternité, & à nous faire concevoir comment la création & les révolutions auxquelles tous les êtres créés font fujets, peuvent fe concilier avec l'immutabilité de l'Être infini.

remplacé & en remplacent perpétuellement d'autres sans aucun intervalle ?

Ne craignons pas de présenter cette réponse de l'Auteur du Systême de la Nature, dans toute sa force.

» Tout est mouvement dans l'univers (dit-
» il, (a)) l'insecte éphémere naît & périt le
» même jour ; par conséquent il éprouve
» très-promptement des changemens très-
» confidérables dans son être. Les combinai-
» sons formées par les corps les plus solides,
» & qui paroiffent jouir du plus parfait re-
» pos, se réfolvent, se décompofent à la lon-
» gue..... Les Physiciens ne semblent pas
» avoir affez réflechi sur ce qu'ils ont appellé
» le *nifus*, c'est-à-dire, les efforts continuels
» que font les uns sur les autres les corps qui
» paroiffent d'ailleurs jouir du repos. Une
» pierre de cinq cents livres nous paroît jouir
» du repos : cependant elle ne ceffe un instant
» de peser avec force sur cette terre qui lui
» réfifte, ou qui la repouffe à son tour. Dira-
» t-on que cette pierre ou cette terre n'agif-
» fent pas ? Pour s'en détromper, il suffiroit
» d'interpofer la main entre la pierre & la
» terre.... Ainsi les corps même qui semblent

____

(a) Tom. 1, chap. 2, pages 18 & suivantes.

» jouir du plus parfait repos, reçoivent pour-
» tant réellement, soit à leur surface, soit à
» leur intérieur, des impulsions continuelles
» de la part des corps qui les entourent, ou
» de ceux qui les pénetrent, qui les dila-
» tent, qui les raréfient, enfin de ceux qui
» les composent…. Comment concevoir
» que l'air, que le froid, que le chaud puisse
» agir sur une seule des parties même élé-
» mentaires (des corps les plus durs), sans
» que le mouvement se communique de pro-
» che en proche jusqu'à leurs parties les plus
» internes ?…. Nos yeux verroient-ils, à
» l'aide du télescope, les astres les plus
» éloignés de nous, s'il n'y avoit un mou-
» vement progressif de ces astres jusqu'à
» nous? …. En mêlant de la limaille de fer,
» du soufre & de l'eau, ces matieres ainsi
» mises à portée d'agir les unes sur les autres,
» s'échauffent peu à peu, & finissent par
» produire un embrasement…. Tous ces
» faits nous prouvent invinciblement que le
» mouvement se produit, s'augmente & s'ac-
» célere dans la matiere, sans le concours
» d'aucun agent extérieur «.

Je n'ai pas intérêt, quant à présent, de contester la conséquence que l'Auteur tire de ces faits, que la matiere est éternelle, & que ^{Que cette supposition ne répond pas à la difficul-té.}

le mouvement lui eſt eſſentiel ; mais tout mouvement ſuppoſe une ſucceſſion, puiſqu'il faut que le corps en mouvement paſſe d'un lieu à un autre : or, cette ſucceſſion ſuppoſe un vuide, un eſpace, & cet eſpace, ce vuide eſt un myſtere auquel les bornes de notre eſprit ne nous permettent pas d'atteindre. Cependant l'étendue eſt de toutes les propriétés de la matiere, celle que nous appercevons la premiere, & qui nous paroît conſtituer plus viſiblement ſon eſſence. S'il exiſte une étendue qui ne ſoit pas matiere, la matiere n'eſt donc pas le ſeul être, l'être néceſſaire.

La *diviſibilité* de la matiere, conſéquence de l'étendue. Idée de cette immenſe diviſibilité.

De l'étendue de la matiere dérive ſa diviſibilité à l'infini, ou au moins, telle que je n'y conçois pas de terme.

La raiſon ſemble me convaincre de cette propriété. Il n'eſt aucune portion de matiere ſi petite qu'elle ne contienne deux moitiés diviſibles, au moins par la penſée, ſi je n'ai pas d'inſtrument aſſez fin pour les ſéparer : une expérience journaliere nous prouve cette immenſe diviſibilité.

» Une matiere de feu s'élance du ſoleil juſ-
» qu'à nous (dit M. de Voltaire) (*a*), & juſ-
» qu'à Saturne , &c. avec une rapidité qui

______
(*a*) Mélanges de Philoſophie, partie 2, ch. 2.

» épouvante l'imagination. Le calcul apprend
» que, si le soleil eft à 24,000 demi-diametres
» de la terre, il s'enfuit que la lumiere par-
» court de cet aftre à nous , en nombres
» ronds, mille millions de pieds par feconde :
» or, un boullet d'un - livre de balle pouffé
» par une demi - livre de poudre , ne fait en
» une feconde que 600 pieds ; ainfi la rapi-
» dité d'un rayon du foleil eft, en nombres
» ronds, 1,666,600 fois plus forte que celle
» d'un boullet de canon. Il eft donc conftant
» que , si un atôme de lumiere étoit feulement
» la 1,600,000^e partie à peu près d'une livre,
» il en réfulteroit néceffairement que des
» rayons de lumiere feroient l'effet du ca-
» non ; & ne fuffent-ils que mille milliards
» plus petits encore, un feul moment d'éma-
» nation de lumiere détruiroit tout ce qui
» végete fur la furface de la terre. De quelle
» incroyable petiteffe faut-il donc que foient
» ces rayons, pour entrer dans nos yeux fans
» les bleffer ! «

Confidérez maintenant les difficultés qui Difficultés
s'élevent contre la divifibilité de la matiere à qui en réful-
l'infini. tent & des
monades ou
atomes.

L'idée de l'infini exclut toutes bornes,
toutes limites. Un infini ne peut donc être
fuppofé avoir plus de parties qu'un autre.

Placerez-vous la différence dans l'étendue de ces parties? Divifez chacune d'elles, vous dirai-je, finon de fait, au moins par la penfée, vous multiplierez leur nombre, mais vous ne pafferez jamais le terme marqué, car ce terme eft un abyme fans fond ; c'eft l'infini.

J'applique ce raifonnement à un grain de fable. Si ce grain eft l'affemblage d'une infinité de parties, je ne trouve aucune différence entre le nombre de fes parties & le nombre de parties que l'univers renferme. La nature eft donc un compofé d'infinis qui fe pénetrent les uns les autres, qui fe refferrent & fe dilatent dans l'efpace. Voilà un myftere inconcevable qui préfente à mon efprit des contradictions fans nombre. Je ne peux m'en tirer, qu'en admettant un premier terme de divifibilité de la matiere, des parties fi petites, qu'elles ne foient pas fufceptibles de divifion , même intellectuelle, les *monades* ou *atomes* de *Leibnitz*.

Mais qu'eft-ce qu'une matiere fans étendue? Comment ces parties pourroient-elles fe joindre, fi elles ne peuvent s'atteindre par aucun point de leur furface ? Ne remarquez-vous pas que ce qu'on appelle des *monades*, des *atomes*, n'eft autre chofe que ce que les

Théologiens nomment *Esprit*, avec cette différence que les Théologiens soutiennent que l'esprit est un être distinct de la matiere, qui n'a de relation avec elle, que celle que le Législateur universel, le Créateur de l'un & de l'autre, a établie : au lieu que, dans le système des *monades*, l'être simple seroit le principe de l'être étendu par la réunion d'atomes qui n'auroient aucune étendue, aucune configuration : ce qui est contradictoire.

La figurabilité est une suite de l'étendue, ou, pour mieux dire, elle est l'étendue même. Comme je ne puis concevoir la matiere sans étendue, je ne peux concevoir une portion de matiere que mon esprit ne la voie bornée par des lignes qui en déterminent la figure. Remarquez que, par cette raison, la supposition d'une matiere infinie renferme une contradiction dans les termes. Une figure ne peut être déterminée que par des lignes qui supposent des limites à l'objet configuré. La masse totale de la matiere n'auroit donc, dans le système d'une matiere infinie, aucune configuration, aucune étendue.

La figurabilité, autre conséquence de l'étendue. Elle est contraire à la supposition d'une matiere sans bornes.

Cependant vous ne pouvez assigner aucunes bornes à la matiere. Son étendue est telle, que ces globes immenses que nous nommons les étoiles fixes, qui font autant de foleils, autour defquels mes yeux voient, à l'aide du télefcope, graviter des planètes auffi fortes, & peut-être plus fortes que notre terre, ne nous paroiffent que comme des points imperceptibles, dont il nous eft impoffible de mefurer la diftance, par l'impoffibilité d'en déterminer la *parallaxe* ; c'eft-à-dire que la dimenfion du rayon de notre terre devient nulle, relativement à cette diftance énorme. Au delà de cet efpace, qu'exifte-t-il ? Le néant ou une étendue fans matiere, deux infinis dans lefquels mon efprit fe confond également.

Conféquence de ce qui vient d'être obfervé. Je crois avoir démontré que les trois propriétés que l'on regarde comme conftitutives de l'effence de la matiere, nous offrent des difficultés, des contradictions inexplicables.

Cependant l'Auteur du Syftême de la Nature ne ceffe de me parler (*a*) de *caufes*, *d'effets*, *d'effences*, *d'énergie* de la matiere, d'où réfultent au phyfique, *l'attraction*, *la répulfion*, *la fympathie*, *l'antipathie*, *les affinités*, *les rapports*, *les propriétés*, & au moral, *l'amour*, *la haine*, *l'amitié*, *l'averfion*. Il entreprend de définir ces noms, c'eft-à-dire,

____

(*a*) Syft. de la Nat. Tom. 1, chap. 4, pag. 46.

fans

fans doute, de me faire connoître la nature de la chofe qu'ils expriment ; car c'eft la feule idée que je puiffe me former d'une bonne définition : examinons ces définitions.

§. II.

De plufieurs définitions de l'Auteur du Syftéme de la Nature. On revient à l'objection que l'homme fe fait le centre de tout ce qui exifte.

» L'univers (*a*), ce vafte affemblage de tout » ce qui exifte, ne nous offre par-tout que de » la matiere & du mouvement. Son enfemble » n'eft qu'une chaîne immenfe & non inter- » rompue de caufes & d'effets. Quelques-unes » de ces caufes nous font connues, parce » qu'elles frappent immédiatement nos fens ; » d'autres nous font inconnues, parce qu'elles » n'agiffent que par des effets fouvent très- » éloignés de leurs premieres caufes «.

Abfurdité de définir ce que l'on voit & ce que l'on fent, parce qu'on ne connoît pas.

Je vous entends, Monfieur ; vous allez m'expliquer par la matiere que vous ne con- noiffez pas, & par le mouvement que vous ne connoiffez pas mieux, tous les phénomenes de la nature, tant au phyfique qu'au moral, jufqu'aux actions & aux volontés des hommes

―――――――――――――――

(*a*) Syft. de la Nat. Tom. 1, chap. 1, pag. 10.

Tome I. E

qui s'étoient crus libres jufqu'ici , & que vous prétendez détromper de cette erreur.

J'ai dit que vous ne connoiffiez pas mieux le mouvement que la matiere ; cependant vous le définiffez encore :

» Le mouvement , dites-vous (a) , eft un » effort par lequel un corps change ou tend » à changer de place , c'eft-à-dire , à corref- » pondre fucceffivement à différentes parties » de l'efpace , ou bien à changer de diftance » relativement à d'autres corps. « Tel eft ce mouvement que vous prétendez effentiel à toutes les parties de la matiere.

Ne remarquez-vous pas que vous ne pou-vez définir le mouvement, fans fuppofer un efpace , une étendue différente de la matiere ? Je vous ai fait voir les conféquences qui ré-fultent de la néceffité de cet efpace. Ainfi le mouvement nous apprend qu'il exifte un ef-pace fans matiere ; mais nous ne connoiffons pas la nature du mouvement, puifque nous n'avons aucune idée claire de l'efpace.

Il n'exifte aucun effet fans caufe. C'eft une vérité évidente par elle-même ; mais qu'eft-ce qu'une caufe & un effet ? Voici votre défi-nition :

(a) Syft. de la Nat. Tom. 1 , chap. 2.

» *Une cause* (a) eſt un être qui en met un
» autre en mouvement, ou qui produit quel-
» que changement en lui. *L'effet* eſt le chan-
» gement qu'un corps produit dans un autre,
» à l'aide du mouvement «.

*Cet être qui en met un autre en mouvement,
ou qui produit quelque changement en lui*, eſt-il
la matiere même & ſon mouvement, ou quelque être ſupérieur à la matiere qui en ait réglé
de toute éternité le mouvement? J'ai peine
à concevoir comment dans cette derniere
ſuppoſition on admet des effets ſans cauſe :
ce que vous ne ceſſez de répéter.

Cet être qui eſt, ſelon vous, la cauſe premiere de toutes choſes, n'a lui-même d'autre
cauſe de ſon exiſtence, que la néceſſité de
cette exiſtence ; mais n'êtes-vous pas forcé
de reconnoître un Être néceſſaire ? La matiere a-t-elle dans votre ſyſtême d'autre cauſe
de ſon exiſtence, que ſon exiſtence même ? —
Vous multipliez les êtres ſans néceſſité, dites-
vous. — J'ai tort, ſans doute, ſi vous pouvez
m'expliquer avec la matiere & le mouvement
ſeuls tous les phénomenes de la nature, tant
au phyſique qu'au moral, ſans le concours
d'un Être ſupérieur à la matiere. Mais vous

Définition d'une *cauſe*, ſuivant l'Auteur du Syſtême de la Nature.

Si c'eſt admettre des effets ſans cauſe, de ſuppoſer une cauſe premiere?
Exiſtence d'un être néceſſaire, avouée par l'Auteur du Syſtême de la Nature.

____

(a) Syſt. de la Nat. Tom. 1, chap. 2.

E ij

convenez de votre impuiſſance à cet égard :
Il eſt, (ce ſont vos expreſſions) *quelques-
unes des cauſes qui nous ſont connues, parce
qu'elles frappent immédiatement nos ſens ; d'autres nous ſont inconnues, parce qu'elles n'agiſſent que par des effets ſouvent très-éloignés de
leurs premieres cauſes.* — Remarquez , Monſieur , que je ſuis en droit d'exiger de vous
beaucoup plus que vous ne pouvez exiger de
moi. J'admets une cauſe premiere , & je conviens des bornes de mon eſprit pour expliquer l'eſſence & les opérations de cette cauſe
infinie ; dès-lors les difficultés ne ſont pas des
inconſéquences dans mon ſyſtême , mais la
ſuite néceſſaire de l'imperfection de ma nature que je reconnois. Mais vous vous obſti-
nez à n'admettre d'autre cauſe premiere que
la matiere & ſon mouvement. Pour me faire
adopter un pareil ſyſtême , il faudroit m'expliquer clairement la nature de ces agens , &
me prouver qu'ils ſuffiſent pour expliquer
tous les phénomenes que mes yeux & mon
intelligence me démontrent. Si vous n'êtes
pas en état de me ſatisfaire juſqu'à ce point ,
ne niez pas l'exiſtence d'un Être infini ; car
ce ſeroit admettre des effets ſans cauſe. — La
matiere agit ſuivant ſon eſſence. — D'accord :
mais qu'eſt-ce que l'eſſence d'un être ? Je
tranſcrirai encore votre définition,

(a) » J'entends par ce mot ce qui conftitue
» l'être, ce qu'il eft, la fomme des propriétés
» ou des qualités, d'après lefquelles il exifte
» & agit comme il fait. Quand on dit qu'*il*
» *eft de l'effence de la pierre de tomber*, c'eft
» comme fi l'on difoit que fa chûte eft l'effet
» de fon poids, de fa denfité, de la liaifon,
» de fes parties, des élémens dont elle eft
» compofée ; & en un mot, *l'effence* d'un être
» eft fa nature individuelle & particuliere «.
— Que réfulte-t-il de tout cela ? Que l'effence des chofes eft ce qui les conftitue ce
qu'elles font ? Mais ce qui conftitue la matiere ce qu'elle eft, ni vous, ni moi, ni aucun homme ne le fait : j'en dis autant de ce
que vous appellez *propriétés, énergie, nifus,*
&c. Tous ces mots expriment des effets que
nos fens apperçoivent, non la caufe qui
produit ces effets.

Dans votre exemple, Monfieur, au lieu de
dire, qu'*il eft de l'effence de la pierre de tom-*
ber, vous auriez dû dire, qu'*il eft de l'effence*
de tous les corps d'être portés vers le centre de
leur mouvement, & que l'activité avec laquelle
ils s'y portent eft en raifon de leur poids, de
leur denfité, de la liaifon de leurs parties, des

Définition
de l'être par
le même Au-
teur. Pétition
de principe
perpétuelle.

(a) Syft. de la Nat. Tom. 1, chap. 1, pag. 12.

E iij

élémens dont ils sont composés : mais vous avez craint qu'on ne vous objectât que le feu élémentaire tend au contraire à se porter vers la circonférence. Je sais que vous pourriez répondre par le *nisus*, par la réaction de tous les corps. Vous diriez que les parties de feu étant infiniment plus légeres, c'est-à-dire, moins denses que celles des corps sur lesquelles elles agissent, de l'air même, sont forcées par la tendance de ces corps vers le centre de leur mouvement, de se porter à la circonférence ; mais vous vous tirez d'affaire d'une maniere plus simple, par *l'analogie, la sympathie, les affinités, les rapports,* &c. Je copie encore vos expressions.

Les rapports, les ressemblances, les analogies, &c. expliquent les effets, non les causes.

(a) » La communication du mouvement, » ou le passage d'un corps dans un autre, se » fait suivant des loix certaines & nécessaires. » Chaque être ne peut communiquer son » mouvement qu'en raison des *rapports, de* » *la ressemblance, de la conformité, de l'ana-* » *logie,* ou des points de contact qu'il a avec » d'autres êtres. Le feu ne se propage que lors- » qu'il rencontre des matieres analogues à » lui ; il s'éteint quand il rencontre des corps » qu'il ne peut embraser, c'est-à-dire, qui

____

(a) Syst. de la N. Tom. 1, chap. 2, pag. 19.

» n'ont point de rapport avec lui. « Voilà
ce que vous appellez, définir, expliquer.
Qu'est-ce autre chose que me faire connoître
l'effet qui résulte d'une loi de la nature, effet
qui n'aura point de cause, s'il n'existe un
Législateur ; car ce nest pas une cause qu'une
essence, une *analogie des propriétés* que vous
ne me faites connoître en aucune maniere.

Vous êtes aussi clair dans vos définitions
de *l'ordre*, du *désordre*, du *hasard*.

Définitions de l'ordre, du désordre, du hasard par le même auteur.

» *L'ordre* & le *désordre* (a) n'existent pas
» réellement dans une nature où tout est né-
» cessaire, qui suit des loix constantes, &
» qui force tous les êtres à suivre, · dans
» chaque instant, les regles qui découlent
» de leur existence. Ce n'est donc que dans
» notre esprit seul qu'est le modele de ce que
» nous appellons *ordre* ou *désordre*.... *L'ordre*
» *ne sera jamais que la faculté de nous coor-*
» *donner avec les êtres qui nous environnent,*
» *ou avec le tout dont nous faisons partie......*
» *Cependant, si l'on veut appliquer l'idée de*
» *l'ordre à la nature, cet ordre ne sera qu'une*
» *suite d'actions ou de mouvemens que nous ju-*
» *geons conspirer à une fin commune ; ainsi*

_____

(a) Syst. de la Nat. Tom. 1, chap. 5, pag. 56 & suivantes.

» *dans un corps qui fe meut l'ordre eft la fé-*
» *rie, la chaîne des actions ou des mouvemens*
» *propres à le conftituer ce qu'il eft, & à le*
» *maintenir dans fon exiftence actuelle. L'ordre*
» *relativement à la nature, eft la chaîne des*
» *caufes & des effets néceffaires à fon exiftence*
» *active, & au maintien de fon enfemble. éter-*
» *nel.* Les êtres particuliers dans le rang
» qu'ils occupent, font forcés de concourir
» à ce but, d'où l'on eft obligé de conclure
» que ce que nous appelons l'ordre de la
» nature, ne peut jamais être qu'une façon
» d'envifager la néceffité des chofes, à laquelle
» tout ce que nous connoiffons eft foumis.

» Ce que nous appelons *défordre*, n'eft
» qu'un terme relatif, fait pour défigner les
» actions ou les mouvemens néceffaires, par
» lefquels des êtres particuliers font nécef-
» fairement altérés & troublés dans leur façon
» d'exifter inftantanée.....

» Le *défordre* pour un être n'eft jamais que
» fon paffage à un ordre nouveau, à une
» nouvelle façon d'exifter qui entraîne nécef-
» fairement une nouvellé fuite d'actions ou
» de mouvemens différens de ceux dont
» cet être fe trouvoit précédemment fufcep-
» tible.

» Nous nous fervons du mot *hafard* pour

» couvrir notre ignorance de la caufe natu-
» relle qui produit les effets que nous voyons,
» par des moyens dont nous n'avons pas
» d'idées, ou qui agit d'une maniere à la-
» quelle nous ne voyons point d'ordre ou de
» fyftême d'actions femblables aux nôtres.

» *L'homme fe fait toujours le centre de l'uni-*
» *vers*; c'eft à lui-même qu'il rapporte tout
» ce qu'il y voit. Dès qu'il croit entrevoir
» une façon d'agir qui a quelques points de
» conformité avec la fienne, ou quelques
» phénomenes qui l'intéreffent, il les attribue
» à une caufe qui agit comme lui, qui a fes
» mêmes intérêts, fes mêmes projets, fa
» même tendance; en un mot, il s'en fait le
» modele. C'eft ainfi que l'homme ne voyant
» hors de fon efpace que des êtres agiffant
» différemment de lui, & croyant cependant
» remarquer dans la nature un ordre analogue
» à fes propres idées, des vues conformes
» aux fiennes, s'imagina que cette nature
» étoit gouvernée par une caufe intelligente
» à fa maniere, à laquelle il fit honneur de
» cet ordre qu'il crut voir en lui, & des vues
» qu'il avoit lui-même.

» Qu'eft-ce que l'ordre (*a*) dans notre

(*a*) *Ibid.* Page 58.

» fyftême planétaire, le feul dont nous ayons
» quelque idée, finon la fuite des phénomenes
» qui s'opèrent fuivant des loix, d'après lef-
» quelles nous voyons agir les corps qui le
» compofent. En conféquence de ces loix,
» le foleil occupe le centre, les planetes gra-
» vitent fur lui, & décrivent autour de lui,
» en des temps réglés, des révolutions con-
» tinuelles : les fatellites de ces mêmes pla-
» netes gravitent fur celles qui font autour
» du centre de leur action, & décrivent au-
» tour d'elles leurs tours périodiques. L'une
» de ces planetes, la terre que nous habitons,
» tourne autour d'elle-même, & par les diffé-
» rens afpects que fa révolution annuelle
» l'oblige de préfenter au foleil, elle éprouve
» des variations réglées que nous nommons
» *faifons*. Par une fuite néceffaire de l'action
» du foleil fur différentes parties de notre
» globe, toutes fes productions éprouvent
» des viciffitudes ; les planetes, les animaux,
» les hommes font en hiver dans une forte
» de l'éthargie. Au printemps tous les êtres
» femblent fe ranimer & fortir de leur long
» affoupiffement ; en un mot, la façon dont
» la terre reçoit les rayons du foleil, influe
» fur toutes fes productions ; fes rayons dar-
» dés obliquement n'agiffent point comme

» s'ils tomboient à plomb ; leur absence pé-
» riodique, causée par la révolution de notre
» globe sur lui-même, produit le jour & la
» nuit. En tout cela, nous ne verrons ja-
» mais que des effets nécessaires, fondés sur
» l'essence des choses, & qui, tant qu'elles
» demeureront les mêmes, ne peuvent jamais
» se démentir ; tous ces effets sont dûs à la
» gravitation, à l'attraction, à la force cen-
» trifuge, &c.

» Nous attribuons au hasard (a) tous les
» effets dont nous ne voyons pas la liaison
» avec leurs causes. Ainsi nous nous servons
» du mot *hasard*, pour couvrir notre igno-
» rance de la cause naturelle qui produit les
» effets que nous voyons par des moyens
» dont nous n'avons point d'idées, ou qui
» agit d'une maniere dans laquelle nous ne
» voyons point d'ordre ou de système suivi,
» d'actions semblables aux nôtres. Dès que
» nous voyons ou croyons voir de l'ordre,
» nous attribuons cet ordre à une intelli-
» gence, qualité pareillement empruntée de
» nous-mêmes, & de notre façon propre
» d'agir & d'être affecté. «

***

(a) Syst. de la Nat. Tom. 1 , chap. 9, pag. 66.

De ces définitions, l'Auteur tire cette conséquence (a).

Conséquence que l'Auteur du Système de la Nature, tire de ces définitions.

» Quand on voudra examiner de sang-
» froid la preuve de l'exiftence de Dieu, tirée
» du confentement de tous les hommes, on
» reconnoîtra que l'on n'en peut rien con-
» clure, finon que tous les hommes ont de-
» viné qu'il exiftoit dans la nature des forces
» motrices inconnues, vérité dont perfonne
» ne doutera jamais, vu qu'il eft impoffible
» de fuppofer des effets fans caufe. Ainfi la
» feule différence qu'il y ait entre les Athées
» & les Théologiens ou Déicoles, c'eft que
» les premiers affignent à tous les phéno-
» menes des caufes matérielles, naturelles,
» fenfibles & connues ; au lieu que les der-
» niers leur affignent des caufes fpirituelles,
» furnaturelles, inintelligibles, inconnues. Le
» Dieu des Théologiens eft-il en effet autre
» chofe qu'une *force occulte ?* «

Objection ; que la fcience de Dieu n'a fait de progrès chez aucun peuple.

L'auteur avoit fait, un peu plus haut, cette
réflexion.

(b) » La preuve la plus forte que l'idée de
» la divinité n'eft fondée que fur une erreur,

(a) Syft. de la Nat. Tom. 2, ch. 4, pag. 96, dans les
notes.

(b) *Ibid.* Pag. 91.

» c'eſt que les hommes ſont peu à peu par-
» venus à perfectionner toutes les ſciences qui
» avoient quelques objets réels, tandis que la
» ſcience de Dieu eſt la ſeule qui n'ait jamais
» été perfectionnée, qu'elle eſt par-tout au
» même point, que tous les hommes igno-
» rent également quel eſt l'objet qu'ils ado-
» rent, & que ceux qui s'en ſont le plus oc-
» cupés, n'ont fait qu'obſcurcir de plus en
» plus les idées primitives que les mortels s'en
» étoient formés «.

Je ne ſais, Monſieur, ſi cette derniere pro-
poſition eſt bien vraie. Je vois au contraire, que le ſyſtéme abſurde du Polytéiſme, ſi gé-
néral autrefois, au moins parmi le peuple, (a) eſt rejetté aujourd'hui de toutes les nations policées. Si vous en croyez les Chrétiens, ils vous diront que la morale que leur Religion enſeigne, eſt plus pure que celle de tous les Philoſophes de l'antiquité, que leur culte eſt plus ſimple, plus analogue à la nature de l'homme & au beſoin qu'il a de ſe rappeller perpétuellement l'idée d'un Dieu, ſouverain Légiſlateur du monde, vengeur des crimes, rémunérateur des vertus : c'eſt ce que je me propoſe d'examiner par la ſuite.

Cette objec-
tion ne prou-
veroit rien,
quand le fait
ſeroit conſ-
tant.

____

(a) *Voyez* le chap. 6 de la ſeconde partie.

Admettons, quant à préſent, *que la ſcience de Dieu n'ait jamais été perfectionnée, qu'elle ſoit par-tout au même point,* pourroit-on tirer cette conſéquence, *que l'idée de Dieu n'eſt fondée que ſur une erreur,* répandue univerſellement ſur toute la terre ? La cauſe de notre ignorance ſur ce point, n'eſt-elle pas au contraire, que Dieu étant l'infini, l'Être exiſtant par lui-même, le premier principe de tout ce qui exiſte, il eſt impoſſible à des êtres bornés de ſonder cet abyme impénétrable ?

f Les hommes ſe replient ſur un cercle, dès qu'ils portent leur vue ſur la cauſe premiere.

Remarquez, Monſieur, que toutes les fois que les hommes ont voulu étendre leurs connoiſſances juſqu'à la cauſe premiere des êtres, ils ſe ſont repliés dans un cercle perpétuel. Les Peripatéticiens prétendoient expliquer tous les phénomenes de la phyſique par les qualités occultes des êtres. Si on leur demandoit quelle eſt la cauſe de la chûte des corps ? c'eſt, diſoient-ils, qu'ils ont une tendance naturelle vers la terre. Pourquoi l'aimant attire-t-il le fer ? C'eſt qu'il y a *ſympathie* entre ces deux corps. Pourquoi le ſoleil nous échauffe-t-il ? C'eſt par une *qualité occulte* de ſes rayons.

Deſcartes réforma la Philoſophie par un doute univerſel. Il ne reconnut d'autre marque diſtinctive de la vérité, que le ſens intime, la perception nue, & les conséquences qui lui parurent intimement liées avec les principes qu'il avoit jugé ne pouvoir se dispenser d'admettre.

Je suis assuré de mon existence, disoit-il, par la pensée, par le sentiment, par la volonté qui est en moi. Mon ame, cet être qui sent, qui pense, qui veut en moi, n'est pas matérielle ; car le sentiment, la pensée, la volonté essentiellement indivisibles, ne peuvent convenir à la matiere. Il existe donc un Être supérieur à la matiere, auteur de mon ame, qui lui a donné toutes les facultés dont elle jouit ? C'est cet Être infini dans sa nature & dans ses perfections, qui a imprimé dans tous les corps le mouvement que j'apperçois en eux, qui est l'auteur des loix qu'ils observent.

Quand de ces premieres notions, *Descartes* passoit à l'explication des phénomenes de la nature, abandonnant l'expérience, pour suivre son génie, il créa un systême plus brillant que solide. Donnez-moi, disoit-il, de la matiere & du mouvement, je tirerai le monde du chaos : cependant les disciples de ce Philosophe ont tourmenté & imprimé un ridicule ineffaçable sur les *qualités occultes* des Peripatéticiens, qui prétendoient tout expliquer par des mots vuides de fens.

Newton a relevé une partie des erreurs de *Defcartes*. Ce que celui-ci attribuoit à l'impulfion premiere, donnée par le Créateur à la machine du monde, *Newton* l'attribue à une force qui attire tous les corps vers le centre de leur mouvement, & qui les éloigne les uns des autres par la concurrence de la force centrale des corps qui les environne.

Quelle eft la caufe premiere de l'impulfion de *Defcartes*, ou de l'attraction de *Newton*? Ni l'un, ni l'autre n'en ont pu affigner d'autre que la volonté de *Dieu*, que cette main puiffante, qui ayant jeté, fuivant *Newton*, les planetes fur la tangente de leur orbite, les force, par la loi de l'attraction qu'il a établie, de parcourir les cercles qu'elles décrivent.

L'auteur du Syftême de la Nature nous ramene aux qualités occultes.

Vous rejettez aujourd'hui cette caufe premiere, & vous nous reportez aux *effences*, aux *propriétés*, à *l'antipathie*, à *la fympathie*, &c. Que faites-vous, que revenir aux *qualités occultes* des Peripatéticiens?

En niant l'exiftence de Dieu, on fuppofe des effets fans caufe.

Vous avez fait des découvertes en phyfique, c'eft-à-dire, que l'expérience vous a fait connoître des effets, des caufes fecondes que les anciens ne connoiffoient pas : mais avouez, Monfieur, que lorfqu'il eft queftion des premiers principes, vous en êtes au même point où les hommes en étoient il y a quatre mille ans, avec cette différence, que niant l'exiſtence d'une cauſe premiere, parce que les bornes de votre intelligence ne vous permettent pas de la comprendre, vous me faites voir par-tout des effets ſans cauſe ; car les *proprietés*, les *eſſences*, les *énergies*, &c. ne prouvent autre choſe que votre ignorance.

Revenons à la matiere dont vous me parlez ſans ceſſe.

M. de Voltaire (a) conclut, de ce que nous ne pouvons nous former une idée de la matiere, ſans l'appliquer à quelqu'une des choſes que nous connoiſſons, que *chaque genre d'êtres eſt un monde à part, & bien loin qu'une matiere aveugle produiſe tout par le ſimple mouvement, il eſt*, dit-il, *bien vraiſemblable que Dieu a formé une infinité d'êtres, avec des moyens infinis, parce qu'il eſt infini lui-même.*

Opinion de M. de Voltaire, que chaque genre d'êtres eſt un monde à part.

Je me propoſe d'examiner ce ſentiment plus en détail dans ma ſeconde partie, chap. 6. Bornons-nous, quant à préſent, à expoſer les conjectures de cet Auteur célebre.

» Voilà d'abord (dit-il) ce que je ſoup
» çonne, en conſidérant la matiere. Mais ſi

____

(a) Mêlanges de Philoſophie, chap. 8.

Tome I.   F

» j'entre dans le détail, si je fais des expé-
» riences de chaque chose, voici ce qui en
» résulte... Je vois des mixtes, tels que les
» végétaux & les animaux que je décompose,
» & dont je tire quelques élémens grossiers,
» *l'esprit*, le *phlegme*, le *soufre*, le *sel*, la
» *tête-morte*. Je vois d'autres corps, tels que
» des métaux, des minéraux, dont je ne peux
» jamais tirer autre chose que leurs propres
» parties plus atténuées. Jamais l'or n'a pu
» donner que de l'or ; jamais, du mercure pur,
» on n'a pu avoir que du mercure ; du sable,
» de la boue simple, de l'eau simple n'ont pu
» être changés en aucune autre espece d'êtres.
» Que puis-je en conclure ? sinon que les vé-
» gétaux & les minéraux sont composés de
» ces autres êtres primitifs qui ne se décom-
» posent jamais. Ces êtres naturels sont les
» élémens des corps : l'homme, le mouche-
» ron sont donc un composé de *parties mi-*
» *nérales*, de *fange*, de *sable*, de *feu*, *d'air*,
» *d'eau*, de *soufre*, de *sel* ; & toutes ces par-
» ties primitives indécomposables à jamais,
» sont des élémens dont chacun a sa nature
» propre & invariable..... «

Ce systême n'explique rien, si on n'admet l'existence d'un Etre

Laissons aux Chymistes de rechercher si les transmutations de la matiere sont impossibles. Je concevrai la possibilité de cette prodigieuse variété d'êtres, lorfque vous aurez admis l'exiftence d'un *Dieu* créateur, ou au moins ordonnateur de tout ce qui exifte. Mais fi vous niez l'exiftence d'un Être fupérieur à tous les êtres que nous connoiffons, par la raifon *que cet Être qu'on fuppofe d'une nature abfolument différente de la matiere, ne pourroit l'atteindre par aucun point de contaĉt* (a), vous ne pouvez du moins vous difpenfer de reconnoître l'étendue, comme une qualité commune à toutes fortes de matieres : or, c'eft cette étendue que nous ne connoiffons que par fes effets, qui nous préfente des myfteres inconcevables, lorfque nous effayons d'en approfondir la nature.

Voyons maintenant fi le *fens intime* ne nous donne pas, de ce que nous appellons *Efprit*, une connoiffance plus diftinĉte même que celle que les fenfations nous fourniffent de la matiere.

créateur, ou au moins ordonnateur.

(*a*) Syftême de la Nature, tom. 1, ch. 3, pag. 32 & 33. *Voyez* ce morceau tranfcrit au commencement de ce chapitre. *Ibid.* Tom. 2, ch. 4, pag. 124, & fuiv.

§. IV.

De l'Esprit ; d'une Objection de l'Auteur du Sys-
tême de la Nature, qui se retourne contre
ce systême ; & de quelques autres définitions &
notions préliminaires du même Auteur, sur le
méchanisme de l'homme.

Des images
corporelles,
par lesquelles
nous expri-
mons les
choses intel-
lectuelles :
doit-on en
conclure que
la matiere est
le seul être ?

POUR prouver qu'il n'existe d'autre être
que la matiere, l'Auteur du Systême de la Nature observe que l'idée d'un être incorporel,
est tellement étrangere aux hommes, qu'ils
sont obligés de recourir à des images matérielles pour l'exprimer.

» En effet, dit-il (a), le mot *Esprit* ne
» nous présente d'autre idée que celle du
» souffle, de la respiration, du vent : ainsi
» quand on nous dit que l'ame est un esprit,
» cela signifie que sa façon d'agir est sem-
» blable à celle du souffle, qui invisible
» lui-même, opere des effets visibles, ou
» qui agit sans être vu : mais le souffle est
» une cause matérielle ; c'est de l'air modifié ;
» ce n'est point une substance simple, telle

______

(a) Syst. de la Nat. Tom. 1, ch. 7, pag. 95, & la note
au bas de la page.

» que celle que les modernes défignent fous le
» nom d'*Efprit*.

Et dans une note, il ajoute : » Le mot hé-
» breu *Rovah* fignifie *fpiritus*, *fpiraculum vitæ*,
» foufle, refpiration ; le mot grec πνεῦμα
» fignifie la même chofe, & vient de πνέω
» *fpiro*. Lactance prétend que le mot latin
» *anima*, vient du mot grec ἄνεμος, qui fi-
» gnifie *vent* ; quelques Philofophes crai-
» gnant fans douté de voir trop clair
» dans la nature humaine, l'ont fait tri-
» ple, & ont prétendu que l'homme étoit
» compofé de corps, d'ame & d'entendement,
» σῶμα, ψυχή, νοῦς.

Je ne me fuis propofé de confidérer ici *l'Efprit*, que fous le point de vue le plus général,
dans fon oppofition avec la matiere, fans approfondir, quant à préfent, la queftion de la
nature de l'être qui fent, qui penfe, qui veut
en nous. Je dois donc me borner à examiner
la jufteffe de l'induction que l'Auteur du Syf-
têine de la Nature tire contre l'exiftence du
genre d'êtres que nous nommons *Efprits*, de
ce que les noms dont nous fommes forcés de
nous fervir, nous repréfentent la nature divine & notre ame, fous des images corporelles.

La parole matérielle ne peut s'exprimer que
F iij

par un fon matériel. Le Philofophe eft obligé,
pour nous communiquer fes penfées, de
frapper nos fens par des images matérielles.
En réfulte-t-il, que notre ame féparant
l'idée que le mot exprime du nom qui lui
fert, pour ainfi dire, d'enveloppe, ne puiffe
concevoir, à l'aide du raifonnement, un être
abfolument diftinct de la matiere ? Le Géometre nous trace des figures, pour fixer notre
attention par des images corporelles, quoique la penfée feule fuffife pour nous repréfenter la fuite de fes raifonnemens, & la liaifon
des principes avec leurs conféquences. Ainfi
fous l'image d'une ligne compofée de points
qui ont une certaine étendue, j'apperçois
une ligne intellectuelle qui n'exifte pas dans
la nature, & je fuppofe encore cette ligne
compofée de points fans étendue ; fous l'image
d'un cercle qui ne m'offre qu'une fuite de
points arrangés à une diftance égale du centre, je vois, tantôt une multitude de petites
lignes droites imperceptibles à mes yeux, &
j'en tire des conféquences pour expliquer
comment, dans le mouvement de rotation, les
corps tendent perpétuellement à s'éloigner
du centre de leur mouvement ; tantôt je n'apperçois que des points fans étendue, & je
m'en fers pour expliquer les propriétés du

cercle. Mais, lorfque vous nous donnez pour preuve de l'impoffibilité de concevoir un être immatériel, la néceffité dans laquelle nous fommes de le peindre fous des images matérielles, avez-vous fait attention aux conféquences qui réfultent de cette réflexion contre votre fyftême ?

Vous nous avertiffez, dans une note (*a*), que » lorfque vous dites que la *nature* produit » un effet, vous ne prétendez pas perfon- » nifier cette *nature*, qui eft un être abftrait; » mais que vous entendez feulement que » l'effet dont vous parlez eft le réfultat né- » ceffaire des propriétés de quelqu'un des » êtres qui compofent le grand enfemble que » nous voyons «.

De la néceffité dans laquelle fe trouve l'Auteur du Syftême de la Nature, de perfonnifier cette nature.

Examinez-vous, par exemple, fi les êtres qui exiftent, font les feuls que la nature puiffe produire (*b*)? » Qui autoriferoit, dites-vous, à croire » cette ftérilité de la *Nature?* Savent-ils, fi, dans » les combinaifons qui fe font à chaque inf- » tant, la *Nature* n'eft point occupée à pro- » duire des êtres nouveaux à l'infu de fes ob- » fervateurs ? Qui leur a dit fi cette *Nature*

(*a*) Syft. de la Nat. Tom. 1 , à la fin du premier chapitre, page 11.

(*b*) *Ibid.* Tome 1 , chap. 6 , pag. 86 & 87.

>> ne raſſemble pas dans ſon laboratoire im-
>> menſe les élémens propres à faire éclore
>> des générations toutes nouvelles qui n'au-
>> ront rien de commun avec celles qui
>> exiſtent « ?

Ne vous y trompez pas, Monſieur, ce langage n'eſt pas une de ces figures que l'Orateur
emploie, pour rendre les idées abſtraites plus
ſenſibles, en perſonnifiant des êtres inanimés :
c'eſt la néceſſité de vous faire entendre, qui
vous contraint de parler ainſi. Perſonne ne
vous concevroit, ſi vous préſentiez à notre
eſprit une matiere morte & inſenſible, agiſſant avec ordre, par des loix éternelles qu'elle
tireroit de ſa propre exiſtence : vous êtes
forcé, pour nous diſtraire *des effets ſans cauſe*,
que vous ne ceſſez de nous préſenter, de
placer vous-même au deſſus de la matiere, *la
Nature* comme un être moral ſouverainement
puiſſant, ſouverainement intelligent, qui en
regle les opérations. Eh bien ! changeons
les mots, ſubſtituons *Dieu*, l'Être exiſtant par
lui-même, à votre *Nature*, nous ſerons d'accord
ſur ce point eſſentiel.

Mais j'avance d'un pas trop rapide. Je ne
me ſuis pas propoſé de vous prouver dans ce
chapitre l'exiſtence de Dieu ; mais de vous
faire connoître les bornes de notre eſprit ſur

l'essence des êtres, & de vous démontrer qu'un être immatériel n'est pas plus inconcevable que la matiere elle-même.

Vous me demandez quelle idée je me forme d'un tel être ?

Je réponds que l'essence de cet être consiste dans le sentiment, l'intelligence, la pensée, la volonté, & cette définition est au moins aussi claire, que celle que vous me donnez de la matiere, quand vous me dites que c'est *l'être étendu*, puisque l'étendue de la matiere présente à mon esprit des difficultés insolubles. Vous me demandez si la matiere ne pourroit pas être susceptible d'intelligence, de pensée, de volonté ? Je réponds qu'il est vraisemblable que ces qualités répugnent à son essence ; c'est ce que je me propose d'examiner par la suite.

L'essence de l'esprit nous est plus connue que celle de la matiere.

Mais comment concevoir, me dites-vous (a), *qu'un être sans étendue soit mobile, & qu'il mette la matiere en mouvement ?*

Comment concevoir (b) *qu'un être sans*

On répond à deux questions proposées par l'Auteur du Système de la Nature.

(a) Syst. de la Nat. Tom. 1, ch. 7, pag. 90. Il s'agit en cet endroit de l'ame humaine ; mais l'Auteur en dit autant de *Dieu*, & en général de tout être immatériel *qui ne peut atteindre la matiere par aucun point de contact. Voyez* tom. 1, ch. 10, pag. 179 ; cette objection est répétée presque à chaque page.

(b) *Ibid.* Tom. 2, chap. 5, pag. 66 & 67.

organes ait des perceptions , des idées , une in-→ tuition , des penfées , des volontés , un plan , des actions ?

Avant de répondre à la premiere queftion, permettez que je vous en faffe une autre.

Pourquoi un corps approchant un autre corps lui communique-t-il, par le contact, une partie de fon mouvement ? — C'eft, dites-vous, parce que le mouvement eft ef-fentiel à la matiere, & que le corps qui me paroît en repos, eft lui-même en mouvement. — S'il eft ainfi , pourquoi le corps touché ne repouffe-t-il pas le corps qui agit fur lui ? — Il le fait en effet ; mais le mouve-ment le plus fort l'emporte fur le plus foible. Suppofez la maffe du corps qui me paroît en repos, repréfentée par *cent* , & le mouvement du corps qui le touche, c'eft-à-dire, fa vîteffe multipliée par fa maffe , repréfentée par *dix*, le corps touché amortira le mouvement du corps qui le touche, & ils refteront tous deux dans un repos apparent. Si le corps touché eft lui-même en mouvement, mais dans une direction contraire à celle du corps qui le touche, il forcera ce corps de changer de direction, pour prendre celle qu'il lui impri-mera. Toutes ces propofitions font la confé-quence de ce principe, que le mouvement des corps est en raison composée de leur masse & de leur vîtesse. — J'entends : mais pourquoi le mouvement des corps est-il en raison composée de leur masse & de leur vîtesse. — Parce que chaque particule d'un corps a son mouvement propre, & que le nombre des particules est en proportion des masses ? — Et la vîtesse qui le détermine ? — L'impulsion donnée, ou *la force de la pesanteur, l'attraction, la force de répulsion, le nisus,* &c. ; en un mot, la loi de la Nature qui m'est démontrée par l'expérience. — Mais il n'existe aucune loi sans Législateur, car ce *seroit un effet sans cause :* cette loi suppose donc une volonté dans celui qui l'a établie ; cette volonté a donc agi sur la matiere. Ici vous m'objectez que je raisonne d'après ce que je sens en moi. Quand j'agis, c'est par un effet de ma volonté : mon intelligence conçoit le motif qui la détermine ; j'en conclus que la nature agit de même, & c'est en cela, dites-vous, que consiste mon erreur. La nature n'a besoin d'intelligence, ni de volontés pour régler ses opérations ; *sa seule essence, sa seule force, sa seule énergie, les seules propriétés de la matiere* suffisent : ainsi, je multiplie les êtres sans nécessité, en admettant une volonté étrangere à la matiere. — En vérité, Monsieur, quel sens préfentent tous ces mots que vous accumulez pour m'offrir des effets fans caufe ? Je fuppofe avec vous, quant à préfent, que l'Auteur de la Nature eût pu attribuer à une portion de matiere cette intelligence, cette penfée, cette volonté que je fens en moi ; au moins eft-il évident que ces qualités ne font pas de l'effence de la matiere, que le marbre n'a pas, comme l'homme, la faculté de penfer, de raifonner, de combiner fes idées. Il feroit donc indifpenfable, dans cette hypothefe, de recourir à un Être fupérieur à la matiere, qui eût donné ces facultés à cette portion de matiere que je nomme *mon ame*, & par conféquent qui eût agi fur cette matiere. Eft-il plus inconcevable qu'un Être diftinct de la matiere ait réglé fes mouvemens, ait fixé fes propriétés, qu'il ne leur feroit que la matiere fans intelligence & fans volonté eût des mouvemens réglés, d'où réfultent tous les effets que mes fens me découvrent ? Je ne multiplie donc pas les êtres fans néceffité, j'obferve feulement ceux que l'expérience me fait connoître.

La difficulté propofée ne confifte que dans une pétition de principe.

Revenons maintenant à votre queftion. *Comment un être d'une nature différente de la matiere, pourroit-il agir fur elle, puifqu'il ne peut l'atteindre par aucun point de contact ?*

Il me femble que vous retombez ici dans le

défaut que vous nous reprochiez il n'y a qu'un inftant, de juger de l'effence des êtres par le cercle étroit qui nous environne, avec cette différence que, lorfque je juge de l'ef-fence de mon être par les connoiffances que le fens intime m'en donne, & des autres par approximation, par analogie, par les confé-quences qui réfultent des connoiffances que le fentiment me fournit, je marche d'après le guide que la nature m'a donné ; au lieu que vous jugez de la nature entiere, par ce que vous découvrez dans des êtres étrangers à vous, dont vous ne connoiffez que l'exif-tence & les mouvemens, fans pouvoir re-monter au principe de ces mouvemens.

Un corps n'agit, dites-vous, fur un autre corps, qu'autant qu'il l'atteint par quelque point de contact : donc il eft impoffible qu'un être agiffe fur un autre, *s'il ne l'atteint par aucun point de contact.* — Oui, un corps fur un autre corps ; telles font les loix de la nature : mais un être différent de la matiere, mais l'Auteur même des loix de la nature, qui vous autorife à limiter fa puiffance, & à nier fon exiftence, parce que les bornes de votre intelligence s'oppofent à ce que vous remontiez jufqu'au principe qui lie tous les êtres ? — Je ne conçois pas l'action d'un être

immatériel fur la matiere. — Concevez-vous
mieux comment la matiere pourroit fe mouvoir dans le plein ? Concevez-vous mieux ce
vuide, cet efpace, cette étendue qui n'eft
pas matiere, & qui cependant eft néceffaire
au mouvement de la matiere ? Concevez-
vous mieux comment un compofé d'atomes,
fans étendue & fans divifibilité, pourroit
former une matiere étendue ? Concevez-vous
mieux, en admettant la divifibilité de la matiere à l'infini, cette multitude d'infinis qui
fe replient l'un dans l'autre ? Avouez de
bonne foi que vous ne concevez, ni l'effence des êtres, ni les premiers principes de
ce qui exifte.

Paffons à la feconde queftion.

*Comment un être fans organes peut-il avoir
des perceptions, des idées, une intuition, des
penfées, des volontés, des actions ?*

Vous prétendez que rien de tout cela ne
peut exifter dans un être immatériel ; & pour
le prouver, vous partez, non de ce que le
fens intime nous fait connoître, de nos fenfations, de nos penfées, de nos volontés, du
principe de nos actions ; mais de votre propre
fyftême, de ce fatalifme univerfel que vous
prétendez régir toute la nature : ainfi votre
raifonnement fe réduit à un cercle dans lequel

Seconde
queftion. La
difficulté pro-
pofée fe ré-
duit de même
à un cercle
vicieux.

vous posez en principe ce qui est en question. Je me propose d'examiner avec plus d'étendue ce système ; mais je ne peux me dispenser, pour répondre à votre question, d'analyser ici ce que vous nous dites du méchanisme de l'homme.

Vous le définissez (*a*) » un être matériel, » organisé ou conformé de maniere à sentir, » à penser, à être modifié de certaines façons » propres à lui seul, à son organisation, » aux combinaisons particulieres des matieres » qui se trouvent rassemblées en lui «.

Définition de l'homme par l'Auteur du Système de la Nature.

Dans cette définition l'homme moral disparoît, pour ne laisser de place qu'à l'homme matériel : aussi le comparez-vous (*b*) » à une » harpe sensible qui rend des sons d'elle-» même, & qui se demande qu'est-ce qui les » lui a fait rendre ? Elle ne voit pas qu'en sa » qualité d'être sensible, elle se pince elle-» même, & quelle est pincée & rendue sonore » par tout ce qui la touche «.

Comparaison avec une harpe organisée.

Cette comparaison vous plaît tellement, que vous vous en servez pour expliquer les nuances diverses qui se rencontrent dans le

---

(*a*) Syst. de la Nat. Tom. 1 , chap. 6 , pag. 80.
(*b*) *Ibid.* Chap. 7 , pag. 101.

caractere & la façon de penser des hommes (a) » : les ames humaines peuvent être
» comparées à des inftrumens, dont les cor-
» des déjà diverfes par elles-mêmes, ou par
» les matieres dont elles font tiffues, font en-
» core montées fur des tons différens. Frap-
» pée par une même impulfion, chaque
» corde rend le fon qui lui eft propre, c'eft-à-
» dire, qui dépend de fon tiffu , de fa ten-
» fion, de fa groffeur, de l'état momentané
» où la met l'air qui l'environne, &c. C'eft-
» là ce qui produit le fpectacle fi varié que
» nous offre le monde moral..... La diverfité
» qui fe trouve entre les individus de l'efpece
» humaine, met entr'eux de l'inégalité, &
» cette inégalité fait le foutien de la fo-
» ciété..... C'eft ainfi que *l'efprit*, *la fenfi-*
» *bilité*, *l'imagination*, les talens, &c. met-
» tent des différences infinies entre les hom-
» mes ; c'eft ainfi que les uns font appellés
» *bons* , & les autres *méchans* , *vertueux* &
» *vicieux* , *favans* & *ignorans* , *raifonnables ou*

L'Auteur du » *déraifonnables* , &c. «
Syftême de la
Nature pié-
tend trouver
dans ce mé-   C'eft dans ce méchanifme que vous voulez
chanifme , la
caufe de tous que nous cherchions la caufe de tous les
les événe-
mens , au   événemens.
phyfique &
au moral.

____

(a) Syft. de la Nat. chap. 9 , pag. 120.

» DEUX

› Deux exemples serviront (dites-vous
› encore (a)), à nous rendre plus sensible le
› principe qui vient d'être posé : nous em-
› prunterons l'un du physique, & l'autre du
› moral. Dans un tourbillon de poussiere
› qu'éleve un vent impétueux , quelque
› confus qu'il paroisse à nos yeux, dans la
› plus affreuse tempête excitée par des vents
› opposés qui soulevent les flots , il n'y a pas
› une seule molécule de poussiere ou d'eau
› qui soit placée au hasard, qui n'ait sa cause
› suffisante pour occuper le lieu où elle se
› trouve, & qui n'agisse rigoureusement de
› la maniere dont elle doit agir. Un Géo-
› metre qui connoîtroit exactement les dif-
› férentes forces qui agissent dans ces deux
› cas, & les propriétés des molécules qui
› sont mues, démontreroit que, d'après des
› causes données, chaque molécule agit
› précisément comme elle doit agir, & ne
› peut agir autrement qu'elle ne fait. Dans
› les convulsions terribles qui agitent quel-
› quefois les sociétés politiques, & qui pro-
› duisent souvent le renversement d'un Em-
› pire, *il n'y a pas une seule action, une seule*
› *parole, une seule pensée, une seule volonté,*

____

(a) Syst. de la Nat. Chap. IV. pag. 51.

Tome I.   G

» *une seule passion* dans les agens qui con-
» courent à la révolution, comme destruc-
» teurs, ou comme victimes, *qui ne soit né-*
» *cessaire*, qui n'agisse comme elle doit agir,
» qui n'opere les effets qu'elle doit opérer,
» suivant la place qu'occupent ces agens dans
» ce tourbillon moral. Cela paroîtroit évi-
» dent, pour une intelligence qui seroit en
» état de saisir & d'apprécier toutes les ac-
» tions & les réactions des esprits & des
» corps de ceux qui contribuent à cette ré-
» volution «.

Les mêmes idées font présentées sous cent faces différentes, dans l'ouvrage dont j'ai extrait ce peu de paroles.

Funestes conséquences de ce système. Renvoi.

Je ne m'occuperai pas, quant à présent, à relever les funestes conséquences qui résultent de ce système, dans lequel toute distinction entre le physique & le moral, le bien & le mal, le crime & la vertu, est effacée ; dans lequel l'assassin que la Justice envoie sur l'échafaud, & le héros qui se dévoue à la mort pour la patrie, ne different qu'en ce que l'ame de ces machines étoit ordonnée par la nature, c'est-à-dire, par un fatalisme aveugle, pour une destination nuisible aux hommes, mais utile aux vers & aux insectes, tandis que l'autre étoit destinée à être utile à ses semblables ; & moi troifieme machine qui admire celui-ci, & qui ai l'autre en horreur, je fuis encore en ce point la direction néceffaire que m'a donné le grand-tout compofé uniquement de matiere & de mouvement, dont mon être n'eft qu'une particule infenfible.

Quoi donc, Monfieur, eft-ce rendre raifon de la caufe phyfique d'un effet, de dire qu'il eft produit par une matiere *organifée*, conformée de maniere à le produire, à être modifiée de certaines façons propres à fon organifation, aux combinaifons particulieres des parties que cette matiere renferme, fi vous n'expliquez quelles font *les modifications*, *les combinaifons*, *les façons*, *les manieres* propres à produire cet effet ?

Au lieu d'expliquer, on nous renvoie à des qualités occultes.

Paffons toutefois fur cette difficulté qui rend votre fyftême auffi inintelligible que les *qualités occultes* des Peripatéticiens : voyons comment, en écartant toute caufe premiere, étrangere à la matiere, en admettant vos *propriétés*, votre *énergie*, en un mot, vos *qualités occultes*, vous m'expliquerez les effets que le peu de connoiffance de nous-mêmes nous préfente.

Contradictions.

Vous entreprenez, dans un chapitre exprès, de me prouver que *toutes nos facultés intel-*

Toutes les facultés intellectuelles déri-

lesquelles sont dérivées de la faculté de sentir. (a)

» Sentir, dites-vous, est cette façon par-
» ticuliere d'être remué, propre à certains
» organes des corps animés, occasionnée par
» la présence d'un objet matériel qui agit
» sur ces organes, dont les mouvemens ou
» les ébranlemens se communiquent au cer-
» veau «.

Voilà une définition du genre de celles qui
vous sont familieres, qui se rapporte à des
qualités inconnues, occultes, que vous ne définissez pas, & par conséquent qui suppose
perpétuellement ce qui est en question. Votre
définition suppose que la faculté de sentir est
purement matérielle en nous ; au lieu que,
pour être exacte, elle devroit me faire connoître quelle est la nature de ce que j'appelle
sentiment, & en tirer cette conséquence, que le
sentiment ne peut être produit que par un
être matériel. Vous êtes bien éloigné de cette
précision.

» Quelques Philosophes, dites-vous en-
» core (b), pensent que la sensibilité est une
» quatité universelle de la matiere. Dans ce

(a) Syst. de la Nat. Tom. 1, chap. 8.
(b) *Ibid.* Pag. 105.

» cas, il seroit inutile de chercher d'où lui
» vient cette propriété que nous connoif-
» fons par fes effets. Si l'on admet cette hy-
» pothefe, de même qu'on diftingue en la
» nature deux fortes de mouvemens, l'un
» connu fous le nom de *force vive*, & l'autre
» fous le nom de *force morte*, on diftinguera
» deux fortes de fenfibilités, l'une *active* ou
» *vive*, & l'autre *inerte* ou *morte*; & alors,
» animalifer une fubftance, ce ne fera que
» détruire les obftacles qui l'empêchent
» d'être active & fenfible; en un mot, la
» fenfibilité eft, ou une qualité qui fe com-
» munique, comme le mouvement, & qui
» s'acquiert par la combinaifon, ou cette
» fenfibilité eft une qualité inhérente à toute
» la matiere; & dans l'un & dans l'autre cas,
» un être inétendu, tel que l'on fuppofe
» l'ame humaine, n'en peut être le fujet «.

Vous n'ofez, Monfieur, admettre le fyftême de ces Philofophes qui attribuent la
fenfibilité à toute la matiere : vous craignez
de choquer trop ouvertement les idées reçues, & de ne perfuader perfonne. Vous appercevez qu'il réfulteroit de ce fyftême, que
toute la matiere ne feroit qu'un feul être, &
vous l'avez défini un *genre d'êtres, dont les in-*
dividus . . . . . ne doivent point être rangés fous

une même claſſe, ni compris ſous une même dé-
nomination (a). Vous préférez donc de ſou-
tenir que la ſenſibilité eſt une qualité acci-
dentelle à la matiere *qu'elle acquiert par la*
combinaiſon de ſes parties, c'eſt-à-dire, que
différentes matieres inſenſibles jointes en-
ſemble, deviennent capables de ſentiment.

Définition de l'intelligence, ſuivant le même Auteur. Qualités occultes. Contradictions,

» L'intelligence, (dites-vous encore (b)),
» eſt une faculté propre à des êtres organi-
» ſés, c'eſt-à-dire, conſtitués & combinés
» d'une maniere déterminée; d'où réſultent
» certaines façons d'agir que nous déſignons
» ſous des noms particuliers, d'après les dif-
» férens effets qu'ils produiſent. Le vin n'a
» pas les qualités que nous appelons *eſprit*
» *& courage;* cependant nous voyons qu'il
» en donne quelquefois à des hommes que
» nous en ſuppoſons totalement dépourvus.
» Nous ne pouvons appeler la nature *intel-*
» *ligente,* à la maniere de quelques êtres
» qu'elle renferme; mais elle peut produire
» des êtres intelligens, en raſſemblant des
» matieres propres à former des corps orga-
» niſés d'une façon particuliere; d'où réſulte

______

(a) *Voyez* cette définition au commencement de ce chapitre.

(b) Syſt. de la Nat. Tom. 1, ch. 5, pag. 67 & 68.

» la faculté que nous nommons *intelligence*,
» & les façons d'agir qui font les fuites né-
» ceffaires de cette propriété «.

Nous voilà encore, Monfieur, dans les *propriétés*, les *façons d'agir*, les *qualités occultes*. Quand on dit que le vin donne de *l'efprit* & du *courage*, perfonne ne prétend qu'il renferme ces qualités en lui-même; mais feulement qu'il ranime les refforts de notre machine, qu'il fait que les efprits animaux fe portent avec plus de facilité au cerveau, & que la force que nous éprouvons nous infpire du courage. Ainfi le vin excite l'intelligence & le courage qui eft en nous; mais il ne les donne point. Les alkalis fe combinent dans la Chymie avec les acides, il en réfulte un fel neutre qui réunit les qualités des fels dont il eft compofé, & les détruit l'une par l'autre; mais aucun être ne donne ce qu'il n'a pas.

Le fentiment fe communique, felon vous, comme le mouvement. Vous oubliez que vous avez fuppofé que la matiere n'étoit pas un feul inftant en repos, que le mouvement lui étoit effentiel; c'eft la bafe de tout votre fyftême: ce qui ne peut convenir certainement au fentiment, même fuivant les Philofophes que vous citez; puifqu'il faut, felon eux, retirer les obstacles qui empêchent qu'une pierre ne devienne sensible. Il en est de même, à plus forte raison, si le sentiment est produit dans la matiere par la combinaison de parties insensibles.

Abandonnons toutefois cette difficulté, pour vous suivre dans le développement de nos facultés intellectuelles, par la seule faculté de sentir, que vous supposez purement matérielle.

Développement des facultés intellectuelles, suivant le même Auteur, puisées dans la faculté de sentir.

» Nous ne sentons, dites-vous (a), qu'à » l'aide des nerfs répandus dans notre corps, » qui n'est, pour ainsi dire, qu'un grand » nerf, ou qui ressemble à un grand arbre » dont les rameaux éprouvent l'action des » racines, communiquée par le tronc. Dans » l'homme, les nerfs viennent se réunir & se » perdre dans le cerveau. Ce viscere est le » vrai siége du sentiment...... (b) La con- » formation, l'arrangement, le tissu, la dé- » licatesse des organes, tant extérieurs, qu'in- » térieurs, qui composent l'homme & les ani- » maux, rendent leurs parties très-mobiles, & » font que leur machine est susceptible d'être » remuée avec une très-grande promptitude....

____

(a) Syst. de la Nat. *Ibid*. Page 103.
(b) *Ibid*. Page 106.

» L'air, le feu & l'eau, ces agens si mobiles,
» circulent continuellement dans les fibres &
» les nerfs qu'ils pénetrent, & contribuent
» sans doute à la promptitude incroyable
» avec laquelle le cerveau est averti de ce qui
» se passe aux extrêmités du corps..... «

Suivent encore des définitions dans lesquelles vous supposez toujours ce qui est en question (a) » : Toute *sensation* n'est qu'une
» secousse donnée à nos organes ; toute *perception* est cette secousse propagée jusqu'au
» cerveau ; toute *idée* est l'image de l'objet
» à qui la sensation & la perception sont
» dues..... «

Autres définitions du même Auteur.

Quant à la *volonté*, tranchons le mot ; c'est, selon vous, une illusion, un prestige de notre imagination ; car il ne peut exister de liberté, ni par conséquent de volonté proprement dite, où dans une nature tout est nécessaire.

Je ne m'arrêterai pas, Monsieur, quant à présent, sur cet article.

Réunissons seulement dans un seul exemple, d'après vous-même, la progression successive de toutes nos facultés intérieures.

Progression de toutes nos facultés intérieures.

» Pour nous faire une notion précise *de la*

______

(a) Syst. de la Nat. Pages 110 & 111.

» *penfée* (a), il faut examiner pied à pied,
» ce qui fe paffe en moi à la préfence d'un
» objet quelconque. Suppofons pour un mo-
» ment que cet objet foit une pêche. Ce fruit
» fait d'abord fur mes yeux deux impreffions
» différentes, c'eft-à-dire, y produit deux mo-
» difications qui fe tranfmettent jufqu'au cer-
» veau. A cette occafion, celui-ci éprouve
» ces deux nouvelles façons d'être, ou per-
» ceptions que je défigne fous les noms de
» *couleur* & *rondeur* ; en conféquence, j'ai
» l'idée d'un corps rond & coloré. En portant
» la main à ce fruit, j'y applique l'organe
» du toucher ; auffitôt ma main éprouve
» trois nouvelles impreffions que je défigne
» fous les noms de *molleffe*, de *fraîcheur* &
» de *pefanteur* ; d'où réfultent ces trois per-
» ceptions dans le cerveau, & trois nouvelles
» idées. Si j'approche ce fruit de l'organe de
» l'odorat, celui-ci éprouve une nouvelle
» modification qui tranfmet au cerveau une
» nouvelle perception, & une nouvelle idée
» que l'on appelle *odeur* : enfin, fi je porte
» ce fruit à ma bouche, l'organe du goût eft
» affecté d'une maniere nouvelle, fuivie d'une
» perception qui fait naître en moi l'idée de

____

(a) Syft. de la Nat. *Ibid.* Pages 112 & 113.

» *faveur*. En réunissant ces impressions & ces
» modifications différentes de mes organes,
» transmises à mon cerveau, c'est-à-dire, en
» combinant toutes ces sensations, ces per-
» ceptions & ces idées que j'ai reçues, j'ai
» l'idée d'un tout que je désigne sous le nom
» de *pêche*, dont ma pensée peut s'occuper,
» ou dont j'ai la notion. «

Et dans une note sur cet article, vous
faites cette observation :

(a) » Ce qui vient d'être dit, prouve que la
» pensée a un commencement, une durée &
» une fin, ou bien une génération, une suc-
» cession, une dissolution, comme tous les
» autres modes de la matiere ; comme eux la
» pensée est excitée, déterminée, accrue,
» divisée, composée, simplifiée, &c. Cepen-
» dant, si l'ame ou le principe qui pense est
» indivisible, comment cette ame peut-elle
» penser successivement, diviser, abstraire,
» combiner, étendre ses idées, les retenir &
» les perdre, avoir de la mémoire & oublier ?
» Comment cesse-t-elle de penser ? Si les
» formes paroissent divisibles dans la matiere,
» ce n'est qu'en les considérant par abstrac-
» tion, à la façon des Géometres ; mais cette

Conséquence
que la faculté
de penser est
matérielle &
divisible.

____

(a) Syst. de la Nat. Note de la page 113. *Ibid.*

» divisibilité de formes n'existe point dans la
» nature, où il n'y a ni atomes, ni forme
» parfaitement réguliere. Il faut donc en con-
» clure que les formes de la matiere ne sont
» pas moins indivisibles que la pensée. «

Vous ne vous contentez pas, Monsieur, de
m'expliquer cette suite de sensations que j'é-
prouve à la vue d'une pêche, vous me dé-
veloppez encore le méchanisme des organes
qui produisent en moi ces sensations.

Analyse des organes qui produisent la sensation, par le même Auteur.

(a) » Les yeux sont des organes très - mo-
» biles & très-délicats, par le moyen desquels
» nous éprouvons la sensation de la lumiere,
» ou de la couleur qui donne au cerveau une
» perception distincte, à la suite de laquelle
» le corps lumineux ou coloré fait naître en
» nous une idée. Dès que j'ouvre ma pau-
» piere, ma rétine est affectée d'une façon
» particuliere ; il s'excite dans la liqueur des
» fibres & des nerfs dont mes yeux sont com-
» posés, des ébranlemens qui se communi-
» quent au cerveau, & y peignent l'image du
» corps qui agit sur mes yeux : par-là nous
» avons l'idée de la couleur de ce corps, de
» sa grandeur, de sa forme, de sa distance ;
» & c'est ainsi que s'explique le méchanisme
» de la *vue*. «

____

(a) Syst. de la Nat. Pag. 110 & 111.

» La mobilité & l'élasticité dont les fibres
» & les nerfs qui forment le tissu de la peau,
» la rendent susceptible, fait que cette enve-
» loppe du corps humain, appliquée à un
» autre corps, en est très-promptement affec-
» tée ; ainsi elle avertit le cerveau de sa pré-
» sence, de son étendue, de son âpreté, de
» son égalité, de sa pesanteur, &c. ; qualités
» qui lui donnent des perceptions distinctes,
» & qui font naître en lui des idées diverses :
» c'est ce qui constitue *le toucher*.

» La délicatesse de la membrane qui tapisse
» l'intérieur des narines, la rend susceptible
» d'être irritée par les corpuscules invisibles
» & impalpables qui émanent des corps odo-
» rans, & qui portent des sensations, des
» perceptions, des idées au cerveau : c'est-là
» ce qui constitue le sens de *l'odorat*. «

» La bouche étant remplie de houppes ner-
» veuses, sensibles, mobiles, irritables, qui
» contiennent des sucs propres à dissoudre
» les substances salines, est très-promptement
» affectée par les alimens qui y passent, &
» transmet au cerveau les impressions qu'elle
» a reçues ; c'est de ce méchanisme que ré-
» sulte *le goût*. «

» Enfin l'oreille, que sa conformation rend
» propre à recevoir les différentes impressions

» de l'air diverſement modifiées, communique
» au cerveau des ébranlemens, ou des ſenſa-
» tions qui font naître la perception des ſons,
» & l'idée des corps ſonores : voilà ce qui
» conſtitue *l'ouïe.* «

Conſéquence de ce méchaniſme, ſuivant le même Auteur.

Vous concluez, Monſieur, de ce méchaniſme, que perſonne ne vous conteſtera, non-ſeulement que l'être qui ſent & qui penſe en nous, eſt purement matériel, *mais qu'aucun autre être, qu'un être matériel, doué d'organes comme nous,* pas même l'Auteur de tous les êtres, le Légiſlateur univerſel, *ne pourroit avoir, ni perception, ni idées, ni intuition, ni penſées, ni volonté, ni plan, ni actions.*

1re. Réponſe. L'objection que l'homme a fait Dieu à ſon image, ſe retourne contre l'Auteur du Syſtême de la Nature.

Permettez-moi une premiere obſervation ſur cette conſéquence.

Quand on vous objecte le conſentement de tous les hommes ſur l'exiſtence de Dieu, vous répondez que les hommes ont fait Dieu à leur image, qu'admettant en eux-mêmes un principe qu'ils nomment *intelligence,* ils n'ont pas penſé que le monde pût exiſter s'il n'é-toit pas gouverné par une *intelligence.*

Que faites-vous, Monſieur, dans les raiſonnemens que je viens de tranſcrire ? Que juger de l'Être infini par les idées que vous eſſayez de nous donner de votre exiſtence perſonnelle, avec cette différence que vous concluez de l'être borné à l'Être infini , & qu'en admettant même que toutes les opérations de l'efprit, de l'intelligence & de la volonté humaine fuffent purement méchaniques , un ouvrage fi parfait , une harpe fi bien organifée , pour me fervir de vos expreffions , prouveroit feule l'exiftence d'un ouvrier fouverainement intelligent.

Je ferois inconféquent de vous reprocher de juger de Dieu par la connoiffance que vous avez de votre exiftence ; je l'ai déjà obfervé , & je ne cefferai de le répéter : ce que le fens intime nous apprend de notre exiftence , eft le principe de toutes nos connoiffances , c'eft le feul guide que nous ayons pour découvrir la vérité : écartez ce principe & les conféquences qui en réfultent , il ne nous refte plus qu'un pyrrhonifme abfurde.

Confultons donc le fens intime fur la nature de notre être.

Je reconnois avec vous que les fens font le principe de nos idées ; je n'excepte , ni l'idée de Dieu , ni les idées les plus abftraites , telles que celle des nombres. Je vous ai fait voir dans mon premier chapitre , comment je conçois que l'idée de Dieu réfulte de la connoiffance de notre exiftence , & des loix de

la nature que l'éxpérience nous fait connoître.

Quant à l'idée des nombres, elle eſt tellement produite par les ſens, qu'elle ne ſe développe qu'avec le temps. C'eſt ce qu'on apperçoit, pour peu qu'on ſuive le progrès de
cette idée dans un enfant. Tout ce qui frappe
ſes ſens l'affecte, il cherche à en découvrir la
cauſe, tout eſt expérience en lui. S'il conſidere ſes doigts, il les voit ſenſiblement
diſtincts l'un de l'autre, & cependant ce n'eſt
qu'avec le temps qu'il parvient à les compter :
le nombre cinq eſt, par cette raiſon, celui
auquel il atteint avec plus de facilité. S'agit-il
d'aſſembler le nombre des doigts des deux
mains, il lui faut d'autant plus de temps,
que cette réunion lui paroît plus contraire à
l'image que la vue lui préſente. Il doublera
long-temps le nombre cinq, avant de parvenir à exprimer dix.

Juſqu'ici votre ſyſtême triomphe, Monſieur ; remarquez cependant que nous n'au-
rions aucune idée, ſi Dieu ou la Nature,
pour me ſervir de votre expreſſion, ne nous
avoit donné la faculté de comparer nos ſenſations, & d'en tirer des conſéquences.

Pour rendre mon raiſonnement plus ſen-
ſible, je me ſers de l'exemple même que vous
avez choiſi.   Quatre

Quatre de mes sens contribuent à me former l'idée d'une *pêche*; la *vue* me montre sa
couleur & sa rondeur ; le *tact*, sa mollesse,
sa fraîcheur, sa pesanteur ; *l'odorat*, son parfum ; enfin *le goût*, sa saveur : cependant,
malgré ces sensations, je n'aurois pas l'idée
de la pêche, si mon organe intérieur n'avoit
la faculté de les réunir & de les combiner.

Ceci répond à une de vos observations.
Vous prétendez » que ce que vous avez dit
» de l'idée (a) de la pêche, prouve que la
» pensée a un commencement, une durée,
» une fin, ou bien une génération, une suc-
» cession, une dissolution, comme tous les
» autres modes de la matiere. Comme eux
» la pensée est excitée, déterminée, accrue,
» divisée, comparée, simplifiée, &c...... « —
Point du tout, Monsieur. Tout cela prouve,
au contraire, qu'il existe en nous la faculté
de comparer nos sensations, de les combiner,
& d'en former un tout aussi indivisible que
chaque sensation prise séparément, puisqu'en
divisant l'idée que j'ai de la pêche par les
sensations qui ont servi à me la donner, je
l'anéantirois.

Ce n'est pas tout : la sensation est elle-même

____

(a) Syst. de la Nat. Tom. 1, ch. 8, p. 113, dans la note.

Tome I.   H

différente de l'impreſſion qui ſe fait ſur mes
ſens ; & quand vous me dites, par exemple,
que les rayons de lumiere (a) *qui frappent ma*
rétine, qui excitent un mouvement dans les li-
queurs, une vibration dans les nerfs, tracent
au fond de mon œil l'image de l'objet qui
frappe ma vue, remarquez que cette image
n'eſt pas la ſenſation, mais le moyen par lequel elle me parvient ; cela eſt ſi vrai, que
les objets ſe peignent renverſés dans ma rétine, & que mon intelligence les redreſſe par
le jugement qu'elle porte du ſentiment que
j'éprouve.

Vous convenez vous-même de cette vérité.

» Dans l'homme, dites-vous (b), les nerfs
» viennent ſe réunir & ſe perdre dans le cer-
» veau. Ce viſcere eſt le vrai ſiége du ſenti-
» ment ; celui-ci, de même que l'araignée
» que nous voyons ſuſpendue au centre de ſa
» toile, eſt promptement averti de tous les
» changemens marqués qui ſurviennent à ce
» corps, juſqu'aux extrêmités duquel il envoie
» ſes fils & ſes rameaux. «

J'adopte votre comparaiſon. Les fibres, les

______

(a) *Voyez* ci-deſſus.
(b) Syſt. de la Nat. *Ibid.* Page 104.

nerfs font dans notre corps la toile de l'araignée ; mais cette toile feroit inutile, fi l'a-
raignée n'exiftoit pas. Quel eft le fiége du fentiment ? Eft-ce le cerveau lui-même, ou quelqu'une de fes parties ! la glande pinéale, par
exemple ? Toute idée de glande, d'objet matériel, eft trop différente de celle que le fentiment intérieur me préfente, pour que je
puiffe les identifier.

Dieu n'auroit-il pu donner la faculté
de fentir à quelque portion de la matiere ?
c'eft ce que je n'examine pas maintenant :
mais qu'une partie de matiere puiffe, ou non,
devenir fufceptible de fentiment, cette faculté
eft fi différente du mouvement & de toutes
les autres propriétés que j'apperçois dans la
matiere , qu'il eft évident que la matiere
ne pourroit l'avoir que par la puiffance infinie d'une Être fupérieur à elle.

Dieu auroit-il pu donner la faculté de fentir à une portion de matiere ? Renvoi.

(*a*) » Si les formes paroiffent divifibles dans
» la matiere , ce n'eft qu'en les confidérant
» par abftraction à la façon des Géometres ;
» mais cette divifibilité des formes n'exifte
» point dans la nature, où il n'y a point
» d'atomes, ni de forme parfaitement régu-
» liere. Il faut donc en conclure que les

Différence entre le fentiment, la penfée &c. & les qualités prétendues indivifibles qu'on attribue à la matiere.

(*a*) Syft. de la Nat. *Ibid.* Page 113, dans la note.

H ij

» formes de la matiere ne font pas moins in-
» divifibles que la penfée. «

Vous décidez ici qu'il n'y a pas d'*atome*
dans la nature; je le crois avec vous, & je
ne répéterai pas ce que je vous ai obfervé fur
les difficultés que préfente cette décifion.

Mais confidérez, je vous prie, l'énorme
différence qu'il y a entre la fenfation, la
penfée & toutes les modifications ou les formes de la matiere.

J'ai l'idée du mouvement, de la rondeur, de
toute autre qualité de la matiere, fans l'appliquer à aucun corps particulier; mais cette idée
n'eft, comme vous le remarquez, qu'une abftraction; car il m'eft impoffible de concevoir
l'exiftence de ces formes, de ces accidens,
de ces propriétés, fans concevoir en même
temps un corps auquel elles s'appliquent:
c'eft par cette raifon que je décide que ces
formes, ces accidens, ces propriétés appar-
tiennent à la matiere. Je les conçois divifibles comme elle; ainfi je ne peux me former une idée d'un cercle, que je ne le fuppofe divifible par fon diametre, par fes
cordes, &c. Quand je conçois le mouvement,
je le vois fufceptible d'être ralenti, accéléré,
arrêté: cependant, felon vous, *les formes de
la matiere ne font pas moins indivifibles que la*

penſée. — Oui, Monſieur, les formes conſi-
dérées par abſtraction ; ces formes qui n'exiſtent pas dans la nature , car elles ne ſont autre
choſe que la penſée. — En eſt-il ainſi de la ſenſation ? Je conçois qu'elle ne peut exiſter ſans
un objet qui l'ait produite ; mais je conçois
en même temps qu'elle n'eſt, ni cet objet,
ni une qualité de cet objet , ni même une
qualité de l'organe qui l'excite en moi.

Ce n'eſt pas aſſez de vous avoir prouvé que
la ſenſation eſt différente de l'impreſſion qui
eſt faite ſur nos organes , que l'idée ſuppoſe
en nous la faculté de réunir nos ſenſations ,
d'en former un tout indiviſible ; conſidérez
ce jugement que nous prononçons , lorſque
de la faculté de ſentir nous tirons la preuve de
notre exiſtence : *Je ſens ; donc j'exiſte.* Ce
raiſonnement qui eſt en nous la baſe de toute
certitude , vous préſente la réunion de deux
idées , celle du ſentiment & celle de l'exiſtence : il ſuppoſe donc encore la faculté de
combiner nos idées , de les comparer, d'en
tirer des conſéquences , faculté qui ne convient qu'à un être indiviſible , à un centre
commun , auquel ſe rapportent toutes nos
ſenſations , toutes nos perceptions , dont il
forme d'abord des idées , enſuite des jugemens.

H iij

Je ne vous arrêterai pas long-temps sur la volonté : je me propose de traiter cette matiere dans un chapitre particulier ; remarquez cependant ce qui se passe en moi à la vue d'une pêche, pour suivre toujours votre exemple.

Cet objet a frappé l'organe de ma vue, je l'ai jugé propre à satisfaire mon appétit. J'ai approché la main, j'ai détaché ce fruit de l'arbre auquel il tenoit. L'odorat a confirmé l'idée que la vue avoit fait naître en moi. La saveur a satisfait mon goût : je me porte avec plus ou moins d'ardeur vers le même objet, toutes les fois que je l'apperçois, suivant la vivacité du sentiment qu'il a excité en moi, suivant le besoin ou le desir que j'éprouve, suivant ma propre énergie. Voilà beaucoup d'opérations méchaniques ; mais le font-elles purement ? La premiere fois que j'ai vu une pêche, ai-je été forcé de la détacher, par un méchanisme aussi nécessaire que celui par lequel le fer se porte vers l'aimant ? En a-t-il été de même toutes les fois que l'expérience s'est réitérée, &, si l'effet n'a pas suivi, est-ce par quelque obstacle à moi inconnu pris dans la nature, ou dans l'ordre général ? Le sens intime résiste à cette idée. Nous verrons dans un autre chapitre, si ce fentiment n'eſt, comme vous le prétendez, qu'une illuſion produite en moi, par une propriété inconnue de l'organe intérieur de mes ſenſations & de mes penſées.

(a) » Vous ajoutez que l'expérience nous dé-
» montre que l'homme ceſſe de ſentir dans
» les parties de ſon corps, dont la commu-
» nication avec le cerveau ſe trouve inter-
» ceptée ; il ſent imparfaitement, ou ne ſent
» point du tout, dès que cet organe lui-
» même eſt trop vivement affecté. «

On objecte l'expérience, l'état de *lé-thargie*, la mort.

Et dans une note, vous faites cette obſer-vation.

» Les Mémoires de l'Académie des Sciences
» de Paris, nous fourniſſent des preuves de
» ce qu'on avance ici. Ils nous parlent d'un
» homme à qui on avoit enlevé le crâne, à
» la place duquel ſon cerveau s'étoit recou-
» vert de peau. A meſure que l'on paſſoit la
» main ſur ſon cerveau, l'homme tomboit
» dans une eſpece de léthargie qui le privoit
» de tout ſentiment........ Il y a tout lieu
» de croire que c'eſt dans le cerveau que con-
» ſiſte la différence qui ſe trouve, non-ſeule-
» ment entre l'homme & les bêtes, mais
» entre un homme d'eſprit & un ſot, entre

(a) Syſt. de la Nat. *Ibid.* Chap. 8, pag. 104.

H iv

» un homme qui penfe & un ignorant, entre
» un homme fenfé & un fou «... Vous con-
firmez ces conjectures par plufieurs obfervations anatomiques.

Réponfe. Si l'on vous conteftoit, Monfieur, que le
cerveau fût le centre auquel fe rapportent
tous les nerfs, qu'il fût l'organe du fentiment,
vos expériences pourroient contribuer à démontrer ces propofitions (a). La feule impofi-
tion de la main fur le cerveau de cet homme

(a) *N. B.* M. de Buffon les contefte ; il prétend que
l'organe du fentiment eft le diaphragme :

» Dans l'homme (dit-il, tome VII *des animaux car-*
» *naffiers*) & dans les animaux qui lui reffemblent, le
» diaphragme pa oît être le centre du fentiment ; c'eft fur
» cette partie nerveufe que portent les impreffions de la
» douleur & du plaifir ; c'eft fur ce point d'appui que
» s'exercent tous les mouvemens du fyftême fenfible. Le
» diaphragme fépare tranfverfalement le corps entier de
» l'animal, & le divife affez exactement en deux parties
» égales : dont la fupérieure renferme le cœur & les pou-
» mons, & l'inférieure contient l'eftomac & les inteftins.
» Cette membrane eft douée d'une extrême fenfibilité ;
» elle eft d'une fi grande néceffité pour la propagation &
» la communication du mouvement & du fentiment, que
» la plus légere bleffure, foit au centre nerveux, foit à la
» circonférence, ou même aux attaches du diaphragme, eft
» toujours accompagnée de convulfions, & fouvent fuivie
» d'une mort violente. Le cerveau qu'on a dit être le fiége
» des fenfations, n'eft donc pas le centre du fentiment»

privé de l'enveloppe offeufe que la nature a
donnée à ce vifcere, arrête le fentiment dans

———————————

>> puifqu'on peut au contraire le bleffer, l'entamer, fans
>> que la mort fuive, & qu'on a l'expérience, qu'après
>> avoir enlevé une portion confidérable de la cervelle,
>> l'animal n'a pas ceffé de vivre, de fe mouvoir, & de
>> fentir dans toutes fes parties.........: «

Suivant ce célebre Naturalifte, >> le cerveau, au lieu d'être
>> le fiége des fenfations, le principe du fentiment, n'eft
>> qu'un organe de fecrétion & de nutrition; mais un or-
>> gane très-effentiel, fans lequel les nerfs ne pourroient,
>> ni croître, ni s'entretenir. «

Il répond à l'expérience citée ici par l'Auteur du Syftême
de la Nature: >> J'avoue, dit-il, que lorfque l'on comprime
>> le cerveau, on fait ceffer l'action du fentiment: mais
>> cela même prouve que c'eft un corps étranger à ce fyf-
>> tême, qui agiffant alors par fon poids fur les extrêmités
>> des nerfs, les preffe & les engourdit, de la même ma-
>> niere qu'un poids appliqué fur le bras, la jambe, ou
>> quelque autre partie en engourdit les nerfs, & en amortit
>> le fentiment. Il eft fi vrai que cette ceffation du fenti-
>> ment par la compreffion, n'eft qu'une fufpenfion, un en-
>> gourdiffement, qu'à l'inftant où le cerveau ceffe d'être
>> comprimé, le fentiment renaît, & le mouvement fe ré-
>> tablit...... «

Quelque puiffantes que foient ces réflexions & ces expériences, j'ai cru devoir raifonner d'après l'opinion commune, qui eft celle de l'Auteur du Syftême de la Nature,
parce que cette difcuffion eft étrangere à la queftion que
j'agite, & que mes réflexions s'appliquent également à l'un
& à l'autre fyftéme.

toutes les parties de son corps : donc le cerveau est le centre auquel tous nos sens se rapportent. C'est ainsi que vous raisonneriez. Si l'on vous nioit qu'il existe une communication intime entre l'organe intérieur du sentiment & la sensation, la même expérience prouveroit cette vérité : mais je ne vois pas comment de la nécessité de cette communication, vous tirez cette conséquence, que la sensation & le sentiment qui en résultent, sont la même chose. — Quelle idée, me direz-vous, quelle pensée l'homme, dont il s'agit, réduit par l'impression de ma main à un état de mort momentané, peut-il avoir ? — Lui seul seroit en état de satisfaire à votre question. Mais je suppose que cet homme, revenu de sa léthargie, ne rappellât aucune idée, aucun sentiment qui l'eût affecté : qu'en résulteroit-il ? Que l'organe de la mémoire étoit intercepté chez lui, comme tous les autres.

La mémoire corporelle suppose une intelligence spirituelle.

» La mémoire (je copie encore votre dé-
» finition (a)) est la faculté que l'organe in-
» térieur a de renouveller en lui-même les
» modifications qu'il a reçues, ou de se re-
» mettre dans un état semblable à celui où

____

(a) Page 114.

» l'ont mis fes perceptions, les fenfations,
» les idées que les objets extérieurs ont pro-
» duites en lui, & dans l'ordre qu'il les a re-
» çues, fans nouvelles actions de la part de
» ces objets, ou lors même que ces objets
» font abfens..... «

Cette faculté, comme toutes celles qui exiftent en nous, eft purement méchanique dans l'organe matériel du fentiment ; ce font les efprits animaux qui reprennent le même cours, qui s'ouvrent les mêmes paffages, qui fuivent les mêmes routes qu'ils ont déjà parcourues : mais ce méchanifme ne fuffit pas.

» Notre organe intérieur (dit encore l'Au-
» teur du Syftême de la Nature) apperçoit
» que ces modifications font les mêmes que
» celles qu'il a ci-devant éprouvées à la pré-
» fence des objets auxquels il les rapporte,
» ou les attribue. «

Il faut donc que notre organe intérieur, notre ame, foit qu'on la confidere comme différente de la matiere, ou comme une partie de matiere douée de cette faculté, réfléchiffe fur l'impreffion qui eft faite dans le cerveau : c'eft, fuivant votre comparaifon, l'araignée qui eft avertie des impreffions faites fur fa toile. Si les fils de la toile font rompus, fi la communication eft interceptée par quelque obſtacle, l'avertiſſement n'aura plus lieu, l'animal ne recevra aucune des ſenſations auxquelles il eſt accoutumé ; mais ſi l'araignée n'exiſtoit pas, le méchaniſme des fibres ſeroit inutile.

On ne peut ſuppoſer aucun ſentiment, aucune penſée, aucune idée, aucune volonté, aucun ſouvenir à l'ame, quand elle eſt ſéparée par la mort des organes extérieurs. — Je réponds à cette objection, que la nature m'apprend à juger de ce que je ne connois pas, par ce que je connois, non de ce que je connois, de ce que je ſens, par ce que je ne connois pas. Je connois par le ſens intime, l'exiſtence d'un être qui a une liaiſon étroite avec les organes de mon corps, auquel le ſentiment ſe communique par la voie des ſenſations, capable de combiner ces ſenſations, de ſe former des idées par leur moyen, de comparer ces idées, de les juger, enfin capable de volonté, & aux ordres duquel obéit juſqu'à un certain point la machine qui lui eſt unie. Je conçois, dans l'état actuel, pourquoi cet être n'a plus les mêmes ſenſations, les mêmes penſées, ne peut produire les mêmes actes, ni ſe rappeler ceux qu'il a produits précédemment, lorſque la communication avec les organes

extérieurs eſt incerceptée : c'eſt un artiſte qui
ne peut agir, s'il eſt privé des outils nécef-
ſaires à ſon art. Je conçois que, ſi l'impref-
ſion ſur les organes eſt ſi foible, qu'elle
manque de force pour ſe communiquer au
cerveau, l'homme ne ſentira rien. C'eſt ainſi,
comme vous l'obſervez vous - même, que,
» quoique l'air nous environne de toutes
» parts, nous ne ſentons ſon action que lorf-
» qu'il eſt modifié, de façon à frapper avec
» force nos organes & notre peau, pour que
» notre cerveau ſoit averti de ſa préſence.....
» & d'un autre côté il arrive quelquefois que
» des objets extérieurs produiſent des chan-
» gemens très-conſidérables ſur notre corps,
» ſans que nous nous en appercevions au
» moment auquel ils ſe font : ſouvent dans la
» chaleur du combat, un ſoldat ne s'apper-
» çoit point d'une bleſſure dangereuſe, parce
» qu'alors les mouvemens impétueux, mul-
» tipliés & rapides dont ſon cerveau eſt
» aſſailli, l'empêchent de diſtinguer les chan-
» gemens particuliers qui ſe font dans une
» partie de ſon corps. Enfin lorſqu'un grand
» nombre de cauſes agiſſent à la fois, & trop
» vivement ſur l'homme, il ſuccombe, il
» tombe en défaillance, il perd connoiſ-
» ſance, il eſt privé du ſentiment. « — Je

conçois tout cela dans l'état actuel. Mais quand vous me demandez enfuite quel fera l'état de cet être qui reçoit les impreffions du corps, & qui lui communique les fiennes, lorfque la mort l'aura féparé de cette machine à laquelle il eft uni fi étroitement : je vous réponds, que cet état me paroît un nouvel ordre de chofes, que la communication des deux êtres que je fens en moi étant l'effet d'une loi établie par le Légiflateur univerfel, une autre loi que j'ignore déterminera les mouvemens de mon organe intérieur, s'il fubfifte après la diffolution de fon enveloppe : ce que j'examinerai par la fuite.

Abftraire, divifer, combiner les idées, ne prouve pas la divifibilité de l'ame: au conrraire.

› Si l'ame ou le principe qui penfe, dit › notre Auteur (a), eft indivifible, comment › cet ame peut-elle penfer fucceffivement, di- › vifer, abftraire, combiner, étendre fes idées, › les réunir, les perdre, avoir de la mémoire, › oublier ? Et comment ceffe-t-elle de pen- › fer ? «

Je pourrois répondre, que toutes ces facultés font des propriétés qui conftituent l'effence, l'énergie, les qualités de l'être qui penfe; & ma réponfe feroit auffi fatisfaifante que celles par lefquelles vous prétendez

____

(a) Syft. de la Nat. *Ibid.* Page 113, dans la note.

expliquer les opérations de la matiere. Je fais plus ; quoique je n'affirme pas encore que Dieu n'ait pu communiquer ces facultés à une portion de matiere, je crois avoir prouvé qu'elles ne reſſemblent en rien au mouvement, ni aux autres propriétés que nous découvrons dans l'être étendu, que, loin que l'indiviſibilité ſoit un obſtacle à l'exercice de ces facultés, nous ne pourrions combiner nos ſenſations, en former des idées, des penſées, des jugemens, des actes de la volonté, s'il n'exiſtoit un centre commun auquel nos ſenſations ſe rapportent. Je crois avoir expliqué comment la mémoire méchanique & corporelle dans le cerveau, ſuppoſe un être intelligent, qui, averti des impreſſions qui ſe font dans la machine à laquelle il eſt uni, les repaſſe & les parcourt comme les feuillets d'un livre. Quand j'ignorerois entiérement l'état de mon ame dans une poſition différente de celle dans laquelle je me trouve maintenant, je ne vois pas ce qu'on en pourroit conclure contre les connoiſſances que le ſens intime me donne de mon état actuel.

L'Auteur du Syſtême de la Nature inſiſte, & oppoſe un raiſonnement qui me paroît digne d'être tranſcrit en entier.

Abſurdité d'une objection de l'Auteur du Syſtême de la Nature, contre le Syſtême de Deſcartes.

(*a*) » Lorſqu'on demande aux Théologiens obſtinés à admettre deux ſubſtances eſſentiellement différentes, pourquoi ils multiplient les êtres ſans néceſſité ; c'eſt, diſent-ils, parce que la penſée ne peut être une propriété de la matiere. On leur demande alors ſi Dieu ne peut pas donner à la matiere la faculté de penſer ; ils répondent que non, vu que Dieu ne peut faire des choſes impoſſibles. Mais dans ce cas, les Théologiens, d'après cette aſſertion, ſe reconnoiſſent pour de vrais *Athées*. En effet, d'après leurs principes, il eſt auſſi impoſſible que l'eſprit & la penſée produiſent la matiere, qu'il eſt impoſſible que la matiere produiſe l'eſprit ou la penſée ; & l'on en conclura contre eux, que le monde n'a pas été fait par un eſprit, pas plus qu'un eſprit par le monde, que le monde eſt éternel, & que, s'il exiſte un Eſprit éternel, il y a deux éternels ſelon eux, ce qui eſt abſurde, ou que, s'il n'y a qu'une ſubſtance éternelle, c'eſt le monde, vu que le monde exiſte, comme on n'en peut douter. «

Réponſe.

Ceci préſente encore des queſtions que je

( ) Syſt. de la Nat. Tom. 1 , chap. 7 , pag. 100 , dans la note.

ne me fuis pas propofé de traiter dans ce chapitre, fi Dieu pouvoit, comme Loke l'a penfé, communiquer à une portion de matiere la faculté de fentir, de penfer, de vouloir, quoique ces facultés ne foient pas de l'effence de la matiere ; fi la matiere fuppofée éternelle, ne pourroit pas être régie par un Efprit éternel, comme beaucoup de Philofophes de l'antiquité l'avoient imaginé ; enfin fi la création eft impoffible, c'eft-à-dire, fi des êtres qui n'exiftoient pas, ont pu commencer d'exifter par la volonté de l'Être néceffaire, de l'Être infini. Ecartons ces queftions, quant à préfent, pour nous borner à l'examen du raifonnement de notre Auteur.

Quoi ! Monfieur, de ce que, fuivant l'opinion de Defcartes, le fentiment, la penfée & la volonté font tellement différens de la matiere, que Dieu qui, pouvant tout, ne peut cependant les contradictoires, n'auroit pu donner à la matiere la faculté de penfer ; de ce que la matiere qui, dans cette opinion, ainfi que dans la vôtre, eft par elle - même deftituée de toute fenfibilité, de toute intelligence, quoique vous lui donniez des *propriétés*, un *énergie*, une *effence* inexplicables, ne pourroit en aucun cas acquérir la faculté de fentir, de penfer, de vouloir par la combinaison de ses parties ; il résulteroit que l'Être nécessaire, l'Être infini, le Législateur du monde, le Principe de tous êtres n'auroit pu organiser une matiere morte & insensible, régler par des loix éternelles ses mouvemens, & établir entre elle & l'être pensant, une union qui ne nous seroit connue que par ses effets, au moyen de laquelle cette matiere organisée communiqueroit à l'être pensant les impressions qu'elle recevroit des objets extérieurs, comme elle obéiroit elle-même à l'être pensant, suivant les loix que l'Auteur de la matiere lui auroit imposées !

Quelle seroit, dites-vous, cette communication dont je n'ai aucune idée, entre deux êtres si différens par leur nature ! — O homme ! qui es-tu, pour décider cette question ? Je t'ai prouvé que tu ne connois ni l'essence de la matiere, ni celle de l'esprit. Je t'ai prouvé qu'il résulte du sens intime, le seul guide que la nature t'ait donné, que tes organes te seroient inutiles, s'il n'existoit en toi un Être capable de réunir tes sensations, tes perceptions, &c. De quel droit, dans cette ignorance entiere des premiers principes des êtres, ose tu prononcer que, *sans organes, il ne peut y avoir, ni perceptions, ni idées, ni intuition, ni pensées, ni volonté, ni plan, ni actions*, & nier par cette raison l'exiſtence de l'Être infini, du Légiſlateur univerſel, parce que tu ne connois pas la nature de ſon action ſur les êtres qui tiennent de lui leur exiſtence ? Tu reſſembles à un homme qui, regardant l'horiſon, nieroit l'exiſtence des objets auxquels ſa vue ne pourroit atteindre. Songez, lui diroit-on, que ce plateau ſur lequel vous êtes placé, ne pourroit ſubſiſter, s'il n'étoit ſoutenu par la maſſe entiere du globe dont il fait partie. — Non, je ne veux rien croire que ce qui frappe mes yeux. — Eh bien ! changez de place, vous verrez de nouveaux objets ſe préſenter à vous, en même temps que vous perdrez de vue une partie de ceux que vous apperceviez auparavant. Nous ne pouvons nous déplacer ainſi, ni agrandir le cercle étroit dans lequel la nature nous a circonſcrits ; mais la réflexion y ſupplée. En nous montrant les bornes de nos connoiſſances, elle nous apprend, ſuivant le principe de Deſcartes, que j'ai choiſi pour mon épigraphe, *que nous ne devons pas nier des vérités clairement connues, parce qu'il en réſulte des difficultés inſolubles à la raiſon humaine.*

CHAPITRE III.

EXPOSITION du Syftême du Fatalifme, & des difficultés qu'il renferme.

§. I.

Du Syftême du Fatalifme en général : comment il attaque du même coup l'exiflence de Dieu, & la liberté de l'homme.

Ce que l'Auteur du Syftême de la Nature, répond au reproche que l'on fait à nos Sages, de démolir fans édifier.

QU'ON ne nous accufe pas (dit l'Auteur du Syftême de la Nature (a)) » de démolir » fans édifier, de combattre des erreurs fans » leur fubftituer des vérités, de fapper à la » fois les fondemens de la Religion & de la » faine morale. «

Ce fyftême, par lequel l'Auteur entreprend de ramener les hommes aux vrais principes de la faine morale, en détruifant les préjugés que la croyance de Dieu leur a donnés, eft celui du fatalifme, c'eft-à-dire, d'une nature aveugle deftituée de fentiment, d'intelligence, de volonté (b), forcée par une

(a) Syft. de la Nat. Tom. 1, chap. 1, page 365.
(b) *Voyez* le chapitre *du Théifme, du Déifme, de l'Optimifme & des Caufes finales.* Tom. 2, pag. 191 & fuivantes.

néceſſité abſolue, par les loix immuables du mouvement, d'agir comme elle fait.

» S'il exiſtoit (dit-il) (*a*) dans la nature, un être vraiment capable de ſe mouvoir par ſa propre énergie, c'eſt-à-dire, de pro- duire des mouvemens indépendans de toutes les autres cauſes, un tel être auroit le pouvoir d'arrêter ſeul, ou de ſuſpen- dre le mouvement de l'univers, qui n'eſt qu'une chaîne immenſe & non interrompue de cauſes liées les unes avec les autres, agiſſantes & réagiſſantes, par des loix né- ceſſaires & immuables, loix qui ne peu- vent être altérées ou ſuſpendues, ſans que les eſſences & les propriétés de toutes choſes ne ſoient changées ou ſuſ- pendues. «

Suivant l'Auteur du Syſtême de la Nature, un être libre au- roit le pouvoir de ſuſpendre le mouvement de l'univers.

Et dans un autre lieu (*b*) : » Partie du grand-tout, l'homme eſt forcé d'en éprou- ver les influences. Pour être libre, il fau- droit qu'il fût ſeul plus fort que la nature entiere, ou il faudroit qu'il fût hors de cette nature, qui, toujours en action elle- même, oblige tous les êtres qu'elle em- braſſe, d'agir & de concourir à ſon action

---

(*a*) Syſt. de la Nat. Tom. 1, chap. 10, pag. 164.
(*b*) *Ibid*. Chap. 12, page 189.

» générale, ou de conserver sa vie agissante,
» par les actions ou les mouvemens que tous
» les êtres produisent, en raison de leurs
» énergies particulieres, soumises à des loix
» fixes, éternelles, immuables ...... « — Quoi ! Monsieur, pour que l'homme fût libre, il faudroit qu'il fût tout-puissant : vous ne connoissez aucun milieu entre pouvoir tout & ne pouvoir rien. J'aurai occasion de revenir sur ces argumens.

Mais de ce que l'homme ne seroit pas libre, il en résulteroit encore, selon vous, que les loix de la nature n'auroient pas été posées par un être libre, intelligent, tout-puissant. Essayons de développer ce systême.

L'opinion d'Epicure, qui attribuoit à une combinaison fortuite d'atomes, l'ordre qui regne dans l'univers, a souvent été réfutée par ce raisonnement. Si on nous disoit que des caracteres d'Imprimerie jetés au hasard, ont produit l'Iliade ou l'Enéïde, qui de nous se donneroit la peine de faire un pas pour s'assurer du fait, à moins qu'on ne lui dît en même temps que cette combinaison prétendue fortuite est un miracle? Combien est-il plus absurde d'imaginer, que, sans le secours d'aucun être plus puissant que la matiere & le mouvement, la machine du monde, les

loix immuables qui régiſſent tous les êtres
ſoient l'effet d'une combinaiſon fortuite d'a-
tomes !

Cette réponſe n'a pas paru ſatisfaiſante à
l'un de nos-Sages.

» J'ouvre les cahiers d'un Profeſſeur célebre
» (dit l'Auteur des Penſées Philoſophi-
» ques (a)), & j'y lis : Athées, je vous ac-
» corde que le mouvement eſt eſſentiel à là
» matiere : qu'en concluez-vous ? .... Que le
» monde réſulte d'un jet fortuit des atomes.
» J'aimerois autant que vous me diſſiez que
» l'Iliade d'Homere ou la Henriade de Vol-
» taire eſt le réſultat fortuit de caracteres. —
» Je me garderai de faire ce raiſonnement à
» un Athée. Cette comparaiſon lui donne-
» roit beau jeu. — Selon les loix de l'Ana-
» lyſe des Sorts, me diroit-il, je ne dois
» point être ſurpris qu'une choſe arrive,
» lorſqu'elle eſt poſſible, & que la difficulté de
» l'événement eſt compenſée par la quantité
» de jets. Il y a tel nombre de coups, dans leſ-
» quels je gagerois avec avantage d'amener
» cent mille fois ſix avec cent mille dés.
» Quelle que ſoit la ſomme des caracteres avec
» laquelle on me propoſeroit d'engendrer

____

(a) Penſées Philoſophiques, N. XXI.

» fortuitement l'Iliade, il y a telle fomme
» finie de jets qui me rendroit la propofition
» avantageufe. Mon avantage feroit même
» infini, fi la quantité de jets étoit infinie.
» Vous voulez bien convenir avec moi, con-
» tinueroit-il, que la matiere exifte de toute
» éternité, & que le mouvement lui eft effen-
» tiel. Pour répondre à cette faveur, je vais
» fuppofer avec vous que le monde n'a point
» de bornes, que la multitude des atomes
» étoit infinie, & que cette ordre qui vous
» étonne, ne fe dément nulle part. Or, de
» ces deux aveux réciproques, il ne s'enfuit
» autre chofe, finon que la poffibilité d'en-
» gendrer fortuitement l'univers eft petite ;
» mais que la quantité de jets eft infinie,
» c'eft-à-dire, que la poffibilité de l'événe-
» ment eft plus que fuffifamment compenfée
» par la multitude des jets. Donc, fi quelque
» chofe doit répugner à la raifon, c'eft la
» fuppofition que la matiere s'étant mue de
» toute éternité, & qu'y ayant peut-être
» dans la fomme infinie des combinaifons
» poffibles, un nombre infini d'arrangemens
» admirables, il ne fe foit rencontré aucun
» de ces arrangemens admirables dans une
» multitude infinie de ceux qu'elle a pris
» fucceffivement ; donc l'efprit doit être plus

» étonné de la durée hypothétique du chaos,
» que de la naiſſance réelle de l'univers. «

M. de Voltaire a reproduit à cette objection ſous une autre forme, & y répond : « (a)
» J'ai connu des mutins, dit-il, qui diſent
» qu'il n'y a point d'intelligence formatrice,
» & que le mouvement ſeul a formé par lui-
» même tout ce que nous voyons, & tout ce
» que nous ſommes. Il vous diſent hardi-
» ment : La combinaiſon de cet univers étoit
» poſſible, puiſqu'il exiſte ; donc il étoit
» poſſible que le mouvement ſeul l'arrangeât.
» Prenez quatre aſtres ſeulement, *Mars*, *Vé-*
» *nus*, *Mercure*, *la Terre* ; ne ſongeons d'a-
» bord qu'à les placer où ils ſont, en faiſant
» abſtraction de tout le reſte, & voyons
» combien nous avons de probabilités, pour
» que le ſeul mouvement les mette à ces
» places reſpectives. Nous n'avons que vingt-
» quatre haſards dans cette combinaiſon,
» c'eſt-à-dire, qu'il n'y a que vingt-quatre à
» parier contre un, que ces aſtres ſe trouve-
» ront où ils ſont, les uns par rapport aux
» autres. Ajoutons à ces quatre globes celui
» de *Jupiter* ; il n'y aura que cent vingt

Le raiſon-
nement de
l'Auteur des
Penſées Phil.
reproduit par
M. de Vol-
taire ; ce qu'il
y répond.

_____

(a) Dialogue curieux à la ſuite de *la Raiſon*, par al-
phabet.

» contre un à parier ... Ajoutez-y *Saturne* ;
» il n'y aura que sept cents hafards contre
» un .... Prenez enfuite tous les aftres fe-
» condaires, toutes les combinaifons, tous
» les mouvemens, tous les êtres qui vége-
» tent, qui vivent, qui fentent, qui pen-
» fent, qui agiffent dans tous les globes ;
» vous n'aurez qu'à augmenter le nombre de
» hafards, multiplier ce nombre dans toute
» l'éternité, jufqu'au nombre que notre foi-
» bleffe appelle infinie ; il y aura toujours
» une unité en faveur de la formation du
» monde, tel qu'il eft, par le feul mouve-
» ment : donc il eft poffible que dans toute
» l'éternité le feul mouvement de la matiere
» ait produit l'univers entier, tel qu'il exifte.
» Voilà le raifonnement de ces Meffieurs.

» Pardon, mon cher ami, cette fuppofi-
» tion me paroît prodigieufement ridicule,
» pour deux raifons ; la premiere, que dans
» cet univers il y a des êtres intelligens, &
» que vous ne fauriez prouver qu'il foit pof-
» fible que le feul mouvement produife l'en-
» tendement ; la feconde, c'eft que, de votre
» propre aveu, il y a l'infini contre un à
» parier, qu'une caufe intelligente formatrice
» anime l'univers. Quand on eft tout feul vis-
» à-vis de l'infini, on eft bien pauvre.

» Encore une fois, *Spinosa* lui-même
» admet cette intelligence. Pourquoi voulez-
» vous aller plus loin que lui, & plonger, par
» un sot orgueil, dans un abyme où *Spinosa*
» n'a pas osé descendre?

» Sentez-vous bien l'extrême folie de dire
» que c'est une cause aveugle, qui fait que
» le carré d'une révolution d'une planete,
» est toujours au carré des révolutions des
» autres planetes, comme le cube de la dis-
» tance est au cube des distances des autres
» au centre commun ? Mes amis, ou les
» astres sont de grands Géometres, ou l'E-
» ternel Géometre a rangé les astres. «

Essayons encore une réponse.

Je ne vous demanderai pas ce que c'est que
vos atomes, c'est-à-dire, des parties de matiere si petites qu'elles soient indivisibles : je
vous ai présenté cette difficulté dans le chapitre précédent. Vous supposez la matiere &
le mouvement éternels ; mais sans aucune direction donnée. Je le veux supposer avec
vous. Si cette direction existoit, je vous demanderois qui l'a donnée ? Quelle main a lan-
cé vos atomes dans le premier, ou dans tout
autre jet ? Cette main ne pourroit être que
la main de Dieu, de l'Auteur, du Législateur
universel. Si vous me renvoyez au *hasard*, si

vous rejetez toute direction des atomes, j'admettrai la possibilité que, dans un nombre infini de jets, telle combinaison donnée eût résulté de leur contour fortuit : mais le mouvement indéterminé de toutes les parties de la matiere, continuant toujours avec la même force dans votre supposition, sans aucune direction émanée d'une cause supérieure, la combinaison supposée eût été détruite aussitôt que formée. Ainsi, d'un côté, vous admettez pour la conservation de l'univers, les loix de l'attraction sans lesquelles il n'est, ni ordre, ni adhérence des parties de la matiere, & de l'autre, vous les rejetez pour la formation de ce même univers, parce que vous sentez que ces loix ne peuvent exister sans un Législateur : c'est une contradiction évidente.

L'Auteur du Systême de la Nature rejette l'hypothese du hasard.

L'Auteur du Systême de la Nature n'admet pas le raisonnement que je viens de réfuter. J'ai rapporté sa définition du *hasard* (a) : » Ce » n'est, dit-il, qu'un mot vuide de sens que » nous opposons toujours à celui d'intelli- » gence, sans y attacher d'idée certaine. «

» Il y a de la puérilité ou de la mauvaise » foi (b), de faire à force de jets de la main,

____

(a) Syst. de la Nat. Tom. 1, chap. 5, pag. 66.
(b) Ibid. Tom. 2, chap. 5, pag. 162.

» ou en mêlant des lettres au *hafard* , ce qui
» ne peut être fait qu'à l'aide d'un cerveau
» organifé , & modifié d'une certaine ma-
» niere........ «

Et dans une note : » Seroit-on bien étonné ,
» s'il y avoit dans un cornet cent mille dés,
» d'en voir fortir cent mille fix ? Oui , fans
» doute , dira-t-on ; mais fi ces dés étoient
» tous *pipés* , on cefferoit d'en être fupris.
» Eh bien ! les molécules de matiere peuvent
» être comparées à des dés *pipés* , c'eft-à-dire ,
» qu'elles produifent toujours certains effets
» déterminés. Ces molécules étant effentiel-
» lement variées par elles-mêmes & par leurs
» combinaifons, elles font *pipées* , pour ainfi
» dire, d'une infinité de productions diffé-
» rentes. La tête d'Homere , ou la tête de
» Virgile, n'ont été que des affemblages de
» molécules , ou, fi l'on veut, de dés *pipés*
» par la nature, c'eft-à-dire, par des êtres
» combinés , élaborés de maniere à pro-
» duire *l'Iliade* ou *l'Enéide*. On en peut
» dire autant de toutes les autres produc-
» tions, foit de l'intelligence, foit de la
» main des hommes. Qu'eft-ce en effet que
» les hommes ? finon des dés *pipés* , ou des
» machines que la nature a rendu capables
» de produire des ouvrages d'une certaine

» eſpece ? Un homme de génie produit un
» bon ouvrage, comme un arbre d'une bonne
» eſpece, placé dans un bon terrein, cultivé
» avec ſoin, produit des fruits excellens. «

Sa ſuppoſi-
tion nous re-
jette aux
qualités oc-
cultes.

Nous ſommes donc tous, à votre compte,
Monſieur, des *dés pipés*, pour toutes nos actions, pour toutes nos volontés, pour toutes
nos démarches, ſans que vous nous inſtrui-
ſiez qui nous a *pipés* de cette maniere, ſi ce
n'eſt une nature aveugle, agiſſante ſans aucun but, une néceſſité, un fataliſme irréſiſ-
tible. Ne vous appercevez-vous pas que cette
comparaiſon de toutes les parties de la matiere à des *dés pipés*, ſans nous apprendre qui
les a pipés, nous rejette dans les qualités occultes des Peripatéticiens ?

Je paſſe rapidement aux raiſonnemens, par
leſquels le même Auteur eſſaye de prouver
que les hommes ne ſont pas plus libres dans
leurs actions, dans leurs volontés même,
que des dés pipés dans leurs mouvemens.

§. II.

Exposition du Systême du Fatalisme, par rapport à la liberté de l'homme, & des absurdités qu'il renferme.

N. 1.

Exposition du Systême du Fatalisme.

QUAND l'homme veut concilier le peu de connoissances qu'il a de l'Être Suprême, avec celles que le sens intime lui donne de sa liberté, il rencontre des difficultés insolubles.

Difficultés insolubles qui donnent lieu au systême du fatalisme.

Ce seroit dégrader l'Être infini, de lui supposer l'ignorance des actions passées, présentes & futures des hommes : mais comment peut-il prévoir ce qui dépend d'une volonté libre ?

Cette objection a arrêté les raisonneurs de tous les siecles (a). Delà, ces oracles du *destin* qui commandent à *Jupiter* même ; *Oreste* forcé, par une nécessité irrésistible, de devenir parricide de sa mere, pour venger la mort de son pere ; *Œdipe* ramené par le *destin* dans sa patrie, pour plonger son épée dans le sein de

---

(a) C'est par cette raison que l'Auteur du Systême de la Nature suppose toutes les Religions fondées sur le fatalisme. Tome I, page 217, dans la note.

son pere sans le connoître, & commettre un inceste avec sa mere, &c. Pourquoi rendre l'homme libre, pour qu'il ait le pouvoir de devenir criminel, & le punir ensuite des crimes que l'abus de sa liberté lui a fait commettre ?

Ces difficultés se rencontrent, il faut l'avouer, dans la Religion Chrétienne, comme dans toutes les autres ; mais ce que cette Religion a sur les autres, c'est de nous donner ces questions comme insolubles à la raison humaine, & de nous arrêter sur le bord d'un abyme dont la profondeur est infinie.

Comment en effet la prescience de l'Être infini, comment son action sur la créature, ne présenteroit-elle pas à un être borné, des mysteres impénétrables ? Comment parviendrois-je à concilier la puissance infinie de l'Être nécessaire, avec la puissance bornée de tous les êtres qui tiennent de lui leur essence, leurs propriétés, leur maniere d'être, moi qui ne peux atteindre l'infini par aucun point de mon existence, qui n'ai avec lui aucune mesure commune, qui ne l'entrevois, & tous les êtres qui lui sont subordonnés, que par la connoissance que le sens intime me donne de ma propre existence.

Ne reste-t-il à l'homme d'autres moyens de

se

fe tirer de cet embarras, qu'en niant en même temps & fa liberté & l'exiftence de Dieu ? Ici les contradictions fe multiplient, fi je refufe de reconnoître d'autre être néceffaire qu'une matiere deftituée de fentiment & d'intelligence, affujettie à des loix éternelles qu'aucun être ne lui aura impofées.

La religion des Brachmanes eft la feule qui ait adopté ce fyftême dans toute fon étendue.

M. de Voltaire l'a rendu d'une maniere plaifante dans un de fes ouvrages philofophiques. (a)

D'un dialogue de M. de Voltaire, où il expofe le fyftême du fatalifme, & le réfute en même temps.

Il fuppofe un entretien entre un Jéfuite & un Brachmane : celui-ci âgé de plus de deux cents ans (b), (car ces Philofophes fe vantent de prolonger leur vie au delà des bornes ordinaires) entreprend d'expliquer au Jéfuite, » *comment il eft une des principales caufes de la* » *mort déplorable de notre bon Roi Henri IV.*

(a) Œuvres de M. de Voltaire , édition de Kramer, 1756, tom. 4.

(b) M. de Voltaire ne donne que cent quatre-vingts ans à fon Brachmane ; mais cet âge eft relatif à l'époque à laquelle ce dialogue a été compofé : je me fuis permis d'ajouter une vingtaine d'années, pour rendre la fiction analogue à notre temps.

Tome I. K

LE JÉSUITE.

» Votre Révérence veut rire apparemment :
» vous, la cause de l'assassinat de Henri IV ? «

LE BRACHMANE.

» Hélas ! oui : c'étoit l'an 983,000 de la
» révolution de Saturne qui revient à 1550
» de votre ere. J'étois jeune & étourdi ; je
» m'avisai de commencer une petite partie
» de promenade du pied gauche, au lieu du
» pied droit, sur la côte de Malabare, & delà
» suivit la mort de Henri IV. «

LE JÉSUITE.

» Comment cela, je vous supplie ? Car
» nous qu'on accusoit de nous être tournés
» de tous côtés dans cette affaire, nous n'y
» avons eu aucune part. «

LE BRACHMANE.

» Voici comment la destinée arrangea la
» chose. En avançant le pied gauche, comme
» j'ai eu l'honneur de vous le dire, je fis tom-
» ber malheureusement dans l'eau mon ami
» *Eriton*, Marchand Persan, qui se noya. Il
» avoit une fort jolie femme, qui convola
» avec un Marchand Arménien : elle eut une

» fille qui époufa un Grec ; la fille de ce Grec
» s'établit en France, & époufa le père de
» Ravaillac. Si tout cela n'étoit pas arrivé,
» vous fentez que les affaires des Maifons de
» France & d'Autriche auroient tourné dif-
» féremment. Le fyftême de l'Europe auroit
» changé ; les guerres entre l'Allemagne & la
» Turquie, auroient eu d'autres fuites ; ces
» fuites auroient influé fur la Perfe ; la Perfe
» fur les Indes : vous voyez que tout tenoit à
» mon pied gauche, lequel étoit lié à tous
» les événemens paffés, préfens & futurs. «

N. 2.

Réponfe qui réfulte du fens intime ; ce qu'on y oppofe.

Après avoir jeté ce ridicule fur le fyftême du fatalifme, M. de Voltaire traite plus gravement la queftion de la liberté de l'homme ; il rapporte les raifons de part & d'autre, & n'ofe fe décider.

Conclufion que M de Voltaire tire de l'expofé des raifons refpectives.

Une feule réflexion confole, ajoute-t-il ;
» c'eft que, quelque fyftême qu'on embraffe,
» à quelque fatalité qu'on croie toutes nos
» actions attachées, on agira toujours comme
» fi on étoit libre. «

D'où vient, Monfieur, cette impreffion fi vive de notre liberté, que les raifonnemens

Cette réflexion prouve que la con-

viction de notre liberté, a pour base le sens intime. Ce qui résulte de cette vérité.

philofophiques peuvent à peine nous en diftraire dans la fpéculation, fans rien changer dans la pratique ? N'eft-ce pas de ce fens intime que les défenfeurs du fatalifme méprifent fi audacieufement ? Je ne cefferai de le répéter : nous ne connoiffons rien mieux que notre exiftence. Si quelque Philofophe étoit affez fubtile pour rendre douteux ce raifonnement : *Je penfe ; donc j'exifte ;* il ébranleroit du même coup la bafe de toute certitude. Cependant le même *fens intime* qui me convainc de mon exiftence, m'apprend que, fi je porte la main à un fruit dont la vue excite en moi le defir, je pourrois réfifter à ce defir, & m'abftenir de ce fruit ; fi je me tranf- porte d'un lieu à un autre, je pourrois de- meurer dans la place que j'occupe, &c. Si le fens intime me trompe dans cette opinion, pourquoi ne me tromperoit-il pas, lorfqu'il me convainc de ma fenfibilité, de la faculté que j'ai de penfer, d'où réfulte la certitude de mon exiftence ?

S'il eft vrai que l'expé- rience & la raifon s'op- pofent à cette conféquence du fens in- time.

Confultez l'expérience, vos propres infti- tutions, nous dit-on, quels fuccès pourrez- vous vous promettre de l'éducation, de la légiflation, de la morale, de la religion même, fi vous ne fuppofiez que certains motifs préfentés aux hommes peuvent dé-

terminer leurs volontés (*a*) ? « Quand un
» pere menace fon fils de le punir, ou lui
» promet une récompenfe, n'eft-il pas con-
» vaincu que ces chofes agiront fur fa vo-
» lonté?....(*b*) Le Moralifte prêche la rai-
» fon, parce qu'il la croit néceffaire aux
» hommes; le Philofophe écrit, parce qu'il
» préfume que la vérité doit néceffairement
» l'emporter tôt ou tard fur le menfonge;
» le Théologien & le Tyran haïffent & per-
» fécutent la raifon & la vérité, parce qu'ils
» les jugent nuifibles à leurs intérêts; le Sou-
» verain qui, par fes loix, effraie le crime,
» & qui plus fouvent encore le rend utile &
» néceffaire, préfume que les mobiles qu'il
» emploie, fuffifent pour contenir fes fujets;
» tous comptent également fur la force &
» fur la néceffité des motifs qu'ils mettent
» en ufage, & fe flattent, à tort ou à raifon,
» d'influer fur la conduite des hommes..... «

Ecartons tout ce qui tient de la déclamation, pour fuivre le raifonnement de notre
Auteur.

Vous ne ceffez de me citer l'expérience, &
je ne cefferai de vous rappeller que l'expé-

(*a*) Syft. de la Nat. Tom. 1, chap. 11, pag. 216.
(*b*) *Ibid.* Page 218.

K iij

rience foumet les faits à l'organe de nos yeux;
mais que nous ne fommes convaincus de la
vérité des conféquences que nous tirons de
ces faits, que par le *fens intime*, ce même fentiment qui n'a jamais permis à aucun homme
de révoquer en doute fa liberté dans la pratique.

D'une confé-
quence con-
traire que M.
de Voltaire
tire des mê-
mes faits.

Entre les argumens que M. de Voltaire
nous préfente en faveur du fatalifme, il tire
de ce fyftême, une conféquence toute contraire à celle que je viens d'expofer, que la
morale, la politique, les exhortations, les
remontrances, les loix, la force de l'éloquence, font inutiles pour réfifter à l'effort
des paffions qui entraînent les hommes malgré
eux dans le crime.

(*a*) ᵓᵓ Pour mettre dans un plus grand jour
ᵓᵓ ces horribles difficultés, je fuppofe que
ᵓᵓ *Ciceron* veut prouver à *Catilina*, qu'il ne
ᵓᵓ doit pas confpirer contre fa patrie. *Catilina*
ᵓᵓ lui dit qu'il n'en eft pas le maître, que fes
ᵓᵓ derniers entretiens avec *Cethegus* lui ont
ᵓᵓ imprimé dans la tête l'idée de la confpi-
ᵓᵓ ration ; que cette idée lui plaît plus qu'une
ᵓᵓ autre, & qu'on ne peut vouloir qu'en con-
ᵓᵓ féquence de fon dernier jugement. — Mais

(*a*) Mélanges de philofophie, première partie, chap. 4

» vous pourriez, diroit *Ciceron*, prendre
» avec moi d'autres idées. Appliquez votre
» efprit à m'écouter, & à voir qu'il faut être
» bon citoyen. — J'ai beau faire, répond *Ca-*
» *tilina*, vos idées me révoltent, & l'envie de
» vous affaffiner l'emporte. — Jè plains votre
» frénéfie, lui dit *Ciceron*, tâchez de prendre
» de mes remedes. — Si je fuis frénétique,
» répond *Catilina*, je ne fuis pas le maître
» de tâcher de guérir. — Mais, lui dit le
» Conful, les hommes ont un fond de raifon
» qu'ils peuvent confulter, & qui peut re-
» médier à ce dérangement d'organes qui fait
» de vous un pervers, fur-tout quand ce dé-
» rangement n'eft pas trop fort. — Indiquez-
» moi, répond *Catilina*, le point où ce dé-
» rangement peut céder au remede ; pour
» moi, j'avoue que, depuis le premier mo-
» ment où j'ai confpiré, toutes mes réflé-
» xions m'ont porté à la conjuration. —
» Quand avez-vous commencé à prendre
» cette funefte réfolution, lui demande le
» Conful ? — Quand j'eus perdu mon ar-
» gent au jeu. — Eh bien ! ne pouviez-vous
» pas vous empêcher de jouer ? — Non ; car
» cette idée de jouer l'emporta dans moi, ce
» jour là, fur toutes mes autres idées ; & fi

K iv

» je n'avois pas joué, j'aurois dérangé l'ordre
» de l'univers, qui portoit, que *Quartillia* me
» gagneroit 400,000 fexterces, qu'elle en
» acheteroit une maifon & un amant; que
» de cet amant, il naîtroit un fils, que *Cethe-*
» *gus* & *Lentulus* viendroient chez moi, &
» que nous confpirerions contre la Répu-
» blique. Le deftin m'a fait un loup, & il
» vous a fait un chien de berger. Le deftin
» décidera, qui des deux doit égorger l'au-
» tre. — A cela, *Ciceron* n'auroit répondu que
» par une *Catilinaire.* «

Conféquence qui réfulte de l'expérience. Quel raifonnement eft plus conféquent, de celui de M. de Voltaire, ou de celui de l'Auteur du Syftême de la Nature? Le dernier conclut, de toutes les inftitutions qui tendent à reformer les hommes, à leur faire changer de parti, par des motifs plus ou moins raifonnables, qu'ils ne font pas libres, que toutes leurs volontés font auffi néceffaires que l'action d'une boule fur une autre. Le premier tire cette conféquence de la fuppofition, que l'homme n'eft pas libre, que toutes les inftitutions, toutes les exhortations font inutiles pour détourner les hommes de la route à laquelle leurs paffions les entraînent.

   » *La vérité l'emporte tôt ou tard fur les hom-*
» *mes* «, nous dit l'Auteur du Syftême de la

Nature (*a*). — Je le defire & le fuppofe avec vous ; mais en attendant, le vice triomphe : & pourquoi la vérité emporte-t-elle la balance en définitive, fi ce n'eft, parce que le temps parvenant à amortir les paffions des hommes, les met en état de confidérer de fang froid leur véritable intérêt, & de choifir le parti de la vérité & de la vertu, qui eft toujours le plus-utile ? Mais pourquoi ce parti eft-il le plus utile, fi ce n'eft parce que le Légiflateur univerfel l'a ainfi ordonné ? Je fuis donc en droit de vous oppofer en faveur de la liberté l'expérience que vous citez vous-même.

N. 3.

De l'objection que l'homme n'agit pas fans motifs ; que les motifs proviennent des idées, & les idées des fenfations qui font corporelles, des paffions, de la mémoire, des remords & des regrets.

L'homme, dit encore l'Auteur du Syftême de la Nature, n'agit point fans motifs ; ces motifs lui viennent des idées, les idées lui viennent des fens, les fens font corporels, ils font mus par les objets extérieurs qui ne dépendent pas de nous: donc les idées & les motifs qui nous déterminent, font également

De l'objection qu'on tire de ce que l'homme n'agit pas fans motifs.

(*a*) Syft. de la Nat. *Ibid.* Pag. 218.

corporels & indépendans de nous, ou, comme
le dit M. de Voltaire :

» (a) Tout a sa cause : la volonté en a donc
» une ? On ne peut donc vouloir, qu'en con-
» féquence de la derniere idée qu'on a reçue ?
» Perfonne ne peut favoir quelle idée il aura
» dans un moment; donc perfonne n'eft le
» maître de fes idées; donc perfonne n'eft le
» maître de vouloir ou de ne pas vouloir... «

Je conçois que perfonne ne peut vouloir
fans motifs qui déterminent fa volonté; je ne
concevrois pas même quelle feroit la liberté
d'un homme qui agiroit toujours au hafard,
par le feul effort de fa volonté, fans aucune raifon. La volonté d'un tel homme me paroîtroit
femblable au reffort d'une machine qui im-
prime aux roues un mouvement néceffaire.
C'eft encore une réflexion de M. de Voltaire (b). » On traite de chimere la liberté
» d'indifférence. On dit que fe déterminer
» fans raifon, feroit le partage des infenfés;
» mais on ne fonge pas que les infenfés font
» des malades qui n'ont aucune liberté. Ils
» font déterminés néceffairement par le vice
» de leurs organes; ils ne font pas les maîtres

Que la liberté confifte dans la fpontanéité qui fuppofe des motifs.

(a) Ibid.
(b) Ibid.

» d'eux-mêmes, ils ne choififfent rien : celui-
» là eft libre qui fe détermine foi-même. «.
— Je ne connois donc de liberté que celle que
vous nommez de *fpontanéité*, qui confifte dans
la faculté de choifir entre les différens motifs
qui fe préfentent à notre efprit pour nous
déterminer.

Reprenons maintenant le raifonnement de l'Auteur du Syftême de la Nature.

Les idées nous viennent des fens, j'en conviens avec vous ; mais la fenfation eft diftincte de l'impreffion que les objets font fur nos organes. Nous ne pourrions nous les peindre, ni par conféquent nous former des idées, fi ces impreffions ne fe reportoient à un centre qui les combine. De la comparaifon des idées naît le jugement, & les différens jugemens font les motifs qui déterminent notre volonté. De cette marche de la Nature, ne réfulte-t-il pas que le centre commun qui combine les fenfations, qui compare les idées qu'il a formées, qui fe détermine fur le jugement qu'il en porte, ce centre que nous nommons *notre ame*, quelle qu'en foit la nature, eft diftinct de l'impreffion qui eft faite fur nos fens ?

Y a-t-il des actions indifférentes ?

Non, fans doute, fi vous appellez de ce nom des actions auxquelles la volonté fe détermine sans aucun motif. Mais existe-t-il des actions auxquelles nous ne nous déterminons que par des motifs purement intellectuels, indépendans de toutes impressions des sens? C'est ce qu'il me paroît impossible de révoquer en doute. Prenons des exemples. Je joue à pair ou non; je suppose toutes choses égales, quel motif me déterminera dans mon choix, que la seule nécessité de choisir? Je suis placé devant une table servie de mets qui flattent également mon appetit, les mêmes si vous voulez, je me déciderai par la nécessité de choisir, si je ne veux imiter l'âne de la fable. Vous me fournissez l'exemple d'un homme qui remue le bras, ou qui reste immobile pour me prouver sa liberté (a); voilà, dites-vous, un motif qui le détermine. Mais ce motif qui consiste dans l'attachement à son opinion, est-il corporel? Quel motif déterminera cet homme à porter son bras à droite ou à gauche, que la nécessité de se décider? Les sens sont quelquefois la cause premiere de cette nécessité, comme dans l'homme pressé par la faim, & placé entre deux mets égaux; mais cette cause est évidemment distincte de la détermination, puisqu'elle ne décide cet homme ni

____

(a) Syst. de la Nat. Tom. 1, chap. 11, pag. 205.

pour l'un, ni pour l'autre de ces mets. Il eſt donc en moi un être qui, jugeant de l'importance du motif, ſe décide entre deux choſes égales, ſans autre raiſon que la néceſſité de choiſir : c'eſt cet être que je nomme ma *volonté*. Elle eſt libre lorſqu'elle ſe détermine, quoiqu'elle ne le fût pas, ſi vous voulez, de ne faire aucun choix : paſſons à d'autres exemples.

L'Auteur du Syſtême de la Nature diſtingue la contrainte, du motif qui produit, dit-il, la néceſſité *(a)*. La contrainte eſt extérieure ; le motif intérieur. Un priſonnier chargé de fers eſt contraint de reſter en priſon : on briſe ſes fers, la porte de la priſon s'ouvre, la contrainte a ceſſé ; le deſir de la liberté eſt un motif qui détermine ce priſonnier à ſortir : mais l'y déterminéra-t-il par une néceſſité abſolue ? Non, car dans le même cas, *Socrate* refuſe la liberté qui lui eſt offerte. D'autres motifs, l'opinion, la décence, le reſpect pour les loix même injuſtes de ſa patrie, l'amour de la gloire décident ce Sage à attendre la mort dans la priſon. De pareils motifs déterminent *Mucius Sævola* à laiſſer brûler ſa main, *Codrus* & *Décius*, à ſe dévouer pour

De la contrainte, de la néceſſité, & de l'habitude. Quelles conſéquences en réſultent ?

____

(a) Syſt. de la Nat. Tom. 1, chap. 11, pages 205, 208, 209, 110.

leur patrie. — D'accord, Monſieur ; mais cette vertu, cet amour de la gloire, ſont-ils des motifs corporels ? — Oui, dites-vous, car ils ſont nés dans ces grands hommes d'une longue habitude de la vertu, qui a gravé des traces profondes dans leur cerveau : voilà les chaînes inviſibles qui les arrètent, les reſſorts qui les meuvent. — Mais pour que cette habitude ſe forme, n'a-t-il pas fallu qu'un grand nombre d'actions vertueuſes précédaſſent cette derniere ? & chacune de ces actions, au moins la premiere, ne ſuppoſe-t-elle pas un choix entre les impreſſions que l'organe recevoit des ſens & l'opinion du devoir ? La Nature, ou ſon Auteur, a pu donner cette faculté de choiſir à une portion de la matiere ; je le veux ſuppoſer. Au moins eſt-il évident que cette faculté ne reſſemble en rien aux autres qualités, ni au mouvement que nous appercevons dans la matiere. — C'eſt, ajoutez-vous (a), la complication de ces mouvemens qui nous induit en erreur. » Un homme qui » ſeroit toujours forcé d'aller vers l'occi- » dent, voudroit toujours aller de ce côté ; » mais il ſentiroit qu'il n'y va pas librement. « — Point du tout, Monſieur, un homme qui

____

(a) Syſt. de la Nat. *Ibid.*

feroit toujours forcé d'aller vers l'occident,
y iroit néceſſairement, non volontairement.
Pour qu'il voulût y aller, il faudroit qu'un
attrait, un motif l'y déterminaſſent, & qu'il
fentît en lui le pouvoir d'aller d'un autre
côté : ce qui eſt contre votre ſuppoſition.

» Quand nous diſons que l'homme n'eſt pas
» libre, nous ne prétendons pas le comparer
» à un corps ſimplement mu par une force
» impulſive. « — Que faiſiez-vous autre choſe
il n'y a qu'un inſtant, quand vous compariez
la volonté de l'homme à un corps entraîné
vers la terre par ſon poids ? Qu'importe que les
reſſorts ſoient plus compliqués, que leur méchaniſme ſoit plus difficile à appercevoir,
ſont-ils autre choſe qu'une force impulſive ?
Vous tombez donc en contradiction avec
vous-même.

» Si on étoit maître de vouloir, ou de ne
» pas vouloir (dit M. de Voltaire (a), on
» pourroit faire le contraire de ce que Dieu
» a arrangé dans l'enchaînement des choſes
» de ce monde. Ainſi chaque homme pour-
» roit changer, & changeroit à chaque
» inſtant l'ordre éternel. « — Nullement,
Monſieur ; car Dieu a prévu de toute éternité

On revient
à l'argument
propoſé au
commence-
ment de ce
chapitre.

____

(a) Mélanges de Philoſophie, premiere partie, chap. 4.

les volontés des hommes, quoiqu'il leur ait
donné le pouvoir de vouloir le contraire.
Comment Dieu pénetre-t-il nos volontés,
avant qu'elles exiſtent, ſans les gêner par ſa
toute puiſſance ? C'eſt un myſtere inacceſſible
à l'eſprit de l'homme ; il faudroit, pour y atteindre, qu'il pût ſonder les profondeurs de
l'infini, & il ne connoît rien que par analogie
avec ſon exiſtence : mais niera-t-il par cette
raiſon, ce que le ſens intime lui fait connoître ?

De la force des paſſions ; en quoi elle eſt un obſtacle à la liberté.

Le même ſens intime lui apprend que ſes
paſſions l'entraînent ſouvent dans des excès
que ſa raiſon déſapprouve. —Voici la réponſe
dans M. de Voltaire lui-même.

(a) » Je ne ſuis libre en aucun ſens, quand
» ma paſſion eſt trop forte & mon entende-
» ment trop foible, ou quand mes organes
» ſont dérangés ; & malheureuſement, c'eſt
» le cas où ſe trouvent trop ſouvent les
» hommes. Ainſi il me paroît que la liberté
» ſpontanée, eſt à l'ame ce que la ſanté eſt
» au corps. Quelques perſonnes l'ont entiere
» & durable ; pluſieurs la perdent ſouvent ;
» d'autres ſont malades toute leur vie. Je
» vois que toutes les autres facultés de l'ame

____

(a) *Ibid.*

» ſont

» font fujettes aux mêmes inégalités ; la vue,
» l'ouïe, le goût, la force, le don de pen-
» fer. Notre liberté eft, comme le refte, limi-
» tée, variable, en un mot, très-peu de
» chofe, parce que l'homme eft très-peu de
» chofe. «

Que conclure de ce raifonnement ? Que l'union intime de l'ame & du corps, union qui confifte dans la réciprocité des mouve-mens & des impreffions, rend notre liberté prefque nulle, lorfque le mouvement de nos organes eft trop violent ? C'eft une vérité d'expérience qui ne peut être conteftée par perfonne. Mais cet état eft celui d'une mala-die occafionnée le plus communément par notre négligence à réfifter aux premiers accès de la paffion, par l'habitude de céder à nos inclinations criminelles. C'eft par cette raifon que les plus grands crimes coûtent fouvent moins à commettre, que les premieres fautes. Les efprits animaux ont pris leur cours, quelques-uns de nos organes fe font fortifiés aux dépens des autres, l'équilibre eft dé-rangé : en concluerons-nous que nous ne fommes pas libres ? Oui, fans doute, lorfque la paffion a fait ce progrès ; car nous fommes malades. Cependant, dans nos plus grands excès, un témoin intérieur nous inftruit que nous pourrions réfifter , & nous reproche ces premieres fautes , qui ont laiffé prendre à la paffion un tel afcendant fur nous.

Le nombre de tels malades eft immenfe : qu'en conclure ? Lorfque les Anatomiftes veulent nous faire connoître le méchanifme des organes du corps humain , choififfent-ils, pour leurs démonftrations , l'état de maladie ou celui de la fanté ? Remarquez encore que ces fortes de maladies font différentes dans chaque individu. Tel eft entraîné par une paffion , tel par une autre : la fanté regne dans les autres parties. C'eft donc fous ce point de vue que je dois envifager l'état habituel de l'homme.

On revient à une objection difcutée dans le chapitre précédent. Conclufion.

Comment concevoir , me direz-vous, que la matiere agiffe ainfi fur une ame, dont la nature eft fi différente de la fienne , qu'elle ne peut atteindre par aucun point de contact ? — C'eft une objection dont j'ai examiné la force dans le chapitre précédent. Il fuffit d'une loi de l'Auteur de la nature , pour rendre cette communication vraifemblable , quoique j'ignore la maniere dont elle s'opere. L'exiftence de cette loi m'eft démontrée par les effets que je fens en moi , comme les loix du mouvement me font démontrées par l'expérience. — Je ne conçois pas comment l'ame agit fur le corps en vertu de cette loi. — Je ne connois pas mieux l'effence & les propriétés de la matiere, dont cependant aucun homme fenfé ne fe portera à en nier l'exiftence. Mais je ne me fuis pas propofé de prouver dans ce chapitre, que l'être qui fent, qui penfe, qui veut en nous, eft d'une nature différente de la matiere ; je dois feulement examiner fi le fens intime nous trompe, lorfqu'il nous inftruit de notre liberté. Je crois avoir démontré que cette fuppofition détruiroit tout principe de certitude, qu'il eft déraifonnable de partir de l'état de l'homme entraîné par une paffion violente, dont il n'eft pas le maître, c'eft-à-dire, d'un homme dans un état de maladie, pour connoître fon état habituel, fa nature. Ajoutons encore quelques réflexions pour répondre à toutes les objections des défenfeurs du fatalifme.

Sommes-nous les maîtres de nous rappeler nos idées à volonté ? Ne fe forment-elles pas en nous, ne fe préfentent-elles pas à notre efprit fans le fecours de notre volonté ? Ceci mérite un examen particulier.

Je crois avoir prouvé que les fenfations ne font pas feules fuffifantes pour faire naître les idées en nous ; qu'il faut encore que l'être qui penfe, quelle que foit fa nature, s'applique

On répond à quelques objections. Si nous fommes les maîtres de nous rappeler nos idées des *paffions*, de la *mémoire*, de la *honte*, des *remords*, des *regrets*, &c.

à comparer, à combiner nos fenfations. &
cette application dépend en partie de notre
volonté. Je dis en partie; car l'impreffion
feule de l'objet extérieur fur nos organes
excite notre attention, comme le pincement
de la corde d'un inftrument de mufique produit une vibration dans l'air qui fe commu-
niquant à l'organe de notre oreille, fe porte
à notre cerveau : mais nous fentons en nous
la faculté de nous diftraire de l'idée que l'impreffion extérieure excite dans notre ame, &
nous y parvenons quelquefois au point, non-
feulement de diminuer, mais d'arrêter entiérement la communication des impreffions
extérieures à l'organe intérieur du fentiment ;
témoin ce Prêtre dont parle S. Auguftin (a),
qui entroit volontairement dans une telle

(a) *Presbiter fuit quidam nomine* RESTITUTUS *in Parœ-
chiâ Calamenfis Ecclefia qui, quando ei placebat, (rogabatur
autem ut hoc faceret ab eis qui rem mirabilem coram fcire
cupiebant) ad imitatas lamentantis hominis voces, ita fe
auferebat à fenfibus & jacebat fimillimus mortuo, ut non
folum vellicantes atque pungentes minimè fentiret ; fed ali-
quando etiam igne ureretur amodò, fine ullo doloris
fenfu, nifi poft modum ex vulnere; non autem obnitendo, fed
non fentiendo movere corpus, eo probatur, quòd tanquam
defuncto nullus inveniebatur anhelitus : hominum tamen voces, fi clarius loquerentur, tanquam de longinquo fe au-
dire poftea referebat.* S. Auguftin, de la Cité de Dieu, Liv. 14.

extase, à certains sons plaintifs qu'on lui fai-
soit entendre, qu'il ne sentoit pas les dou-
leurs les plus cuisantes, produites par le fer &
le feu, & que sa respiration paroissoit même
entiérement interceptée. Qu'est-il besoin de
recourir à un exemple si singulier, pour
prouver un fait que l'expérience journaliere
nous démontre, au moins relativement à
toutes les sensations qui ne sont pas extrêmes.

La *mémoire* est corporelle. — Sans doute,
si vous ne considérez que l'organe méchanique
de la mémoire ; mais cet organe seroit im-
puissant, si l'ame ne s'y appliquoit, si elle ne
repassoit, pour ainsi dire, ses idées, comme
l'œil parcourt les feuillets d'un livre. Elle se
distrait, par l'effet de la passion, des suites funestes qui pourront résulter des déréglemens
& des crimes auxquels elle consent de se livrer ; ces idées se présentent à elle malgré
elle, avec plus ou moins de force, suivant
la vivacité de la passion, suivant le plus ou

chap. 24. Observez que S. Augustin ne rapporte pas ce fait
comme un miracle ; il dit même expressément que ce Prêtre
se mettoit en cet état toutes les fois qu'il le vouloit, & que
sa curiosité portoit plusieurs personnes à l'en prier. Ne seroit-
ce pas sur ce Prêtre que quelques enthousiastes de nos jours
auroient pris modele ?

L. iij

le moins d'habitude qu'elle a contractée de s'en diſtraire ; mais elle n'eſt pas libre d'en arrêter entiérement le cours. Pourquoi ? parce qu'une loi éternelle oblige l'homme de deſirer ſon bonheur, ou, pour me ſervir de votre expreſſion (car vous convenez de cette vérité (a),) parce qu'il *eſt de l'eſſence* de l'homme de *tendre à ſon bien-être, à la conſervation de ſon exiſtence*, & par conſé-quent de porter ſes regards ſur tout ce qui peut y donner atteinte. — *Les méchans ne ſont que des gens ivres ou en délire* (b). — D'ac-cord, Monſieur ; car ils prennent le plus mau-vais parti. Ce ſont des malades : ce n'eſt donc pas ſur leur état que vous devez juger de ce-lui des hommes en ſanté. Cependant la ma-ladie n'eſt telle en aucun d'eux, qu'elle arrête entiérement l'idée du remede qui pourroit la guérir. Prenons encore l'expérience pour guide : nous le pouvons, puiſqu'il n'eſt per-ſonne que quelque paſſion n'ait entraîné dans des fautes, dont il ait eu ſujet de ſe repen-tir. — La *honte*, les *remords*, les *regrets*, ne ſont que le retour de l'homme rétabli dans l'équilibre, qui ſe repréſente à lui-même les

---

(a) Syſt. de la Nat. Tom. 1, pag. 211.
(b) *Ibid.* Tom. 1, pag. 199, & ſuivantes.

excès auxquels la passion l'a forcé de se livrer. — Mais ces *remords* seroient-ils aussi cui-
sans, si le coupable pouvoit s'excuser à ses
propres yeux par le défaut absolu de toute
idée qui l'eût rappellé à la vertu au moment
auquel il s'est livré au crime ? Cet état supposeroit une démence, une fureur portée au
dernier période : Or, la démence & la fureur
n'admettent pas le *remords*. Les furieux s'affli-
gent dans leurs intervalles dilucides, d'une
maladie qui les dégrade au dessous de l'humanité, des maux dont leur état les a rendu
les auteurs involontaires ; mais ils ne se re-
prochent pas ces malheurs comme des crimes,
parce qu'au moment auquel ils ont commis
ces actions, ils n'étoient pas les maîtres
d'agir autrement, parce qu'aucune idée contraire ne s'est présentée à eux pour contreba-
lancer l'effet de la passion.

C'est ce concours de plusieurs motifs qui
tendent à un même but, celui de notre bien-
être, de la conservation de notre existence,
mais qui y tendent par des routes différentes,
qui produit ce que nous nommons la *délibération*.

N. 4.

*De la délibération & de la preuve de notre liberté qui ré-
sulte de l'expérience trop certaine du suicide.*

'Du mécha-
nisme de la
délibération
dans l'organe
du cerveau ;
ce qu'il sup-
pose.

L'Auteur du Système de la Nature développe le méchanisme de la *délibération*, dans
l'organe du cerveau (*a*); il nous fait voir
comment cet organe tiraillé par des impressions contraires, éprouve une compression
douloureuse; comment du plus ou moins de
force des impressions qui produisent ce tiraillement, résulte l'incertitude si pénible, &
souvent des partis contraires au bonheur de
l'homme, quoique ce soit le but auquel tendent tous ses motifs, comme une boule
poussée par des corps mus en deux directions
opposées, suit une moyenne proportionnelle
entre ces directions : enfin les conséquences
qui résultent de la communication prouvée
par l'expérience, entre l'organe intérieur du
sentiment, la pensée, la volonté, & ce viscere mobile que nous nommons notre cerveau.

(*a*) Système de la Nature, tome 1, pages 193 & suivantes. Cet Auteur raisonne d'après l'opinion qui suppose
que le cerveau est en nous l'organe du sentiment : je le
suis dans cette hypothese. Dans le système de M. de Buffon,
il faudroit substituer le diaphragme au cerveau; les conséquences seroient les mêmes.

Remarquez néanmoins qu'il n'y a aucune analogie entre la nature de la fenfation douloureufe, & le tiraillement du cerveau qui l'occafionne. Vous ne vous tirez de cette difficulté, qu'en ayant recours à une propriété particuliere de ce vifcere qui nous eft inconnue, c'eft-à-dire, à une *qualité occulte* qui n'explique rien ; fur-tout fi l'on fuppofe, comme vous le faites perpétuellement, que cette qualité n'a été donnée à cette portion de matiere par aucun être fupérieur à la matiere.

Le cerveau eft purement paffif dans la fenfation, il eft vafcillant dans la délibération, & c'eft de cette compreffion fucceffive, de cette ofcillation que réfulte, felon vous, la douleur ; mais il devient actif dans la détermination, & cette faculté de fe déterminer, eft elle-même une propriété différente de la fenfation, inexplicable, fi vous n'avez recours *aux qualités occultes* : merveilleufe invention !

Vous me préfentez le *fuicide* comme un délire produit par le chagrin, par l'ennui, par les remords d'une confcience bourrelée.

» (*a*) Si les forces, foit extérieures, foit » internes, qui agiffent fur l'énergie de l'hom-

---

(*a*) Syft. de la Nat. Tom. 1, pag. 196 & fuivantes.

>> me, dites-vous, tendent vers des points
>> différens, son ame ou son cerveau, ainsi
>> que tout son corps, prendra une direction
>> moyenne entre l'une & l'autre force ; & en
>> raison de la violence avec laquelle l'ame
>> est poussée, l'état de l'homme est quelque-
>> fois si douloureux, que son existence lui
>> devient importune ; il ne tend plus à con-
>> server son être : il va chercher la mort,
>> comme un asyle. ... Voilà comme nous
>> pouvons expliquer la conduite des ces mé-
>> lancoliques que leur tempérament vicié,
>> que leur conscience bourrelée, que le cha-
>> grin, que l'ennui déterminent quelquefois
>> à renoncer à la vie «.

Ailleurs, l'Auteur du Système de la Nature
prétend que le suicide est le droit de l'humanité, que nous blâmons injustement ceux qui
se donnent la mort, même par le seul motif
de l'impossibilité de satisfaire leurs passions.
Je me propose d'examiner par la suite ce
système. Bornons-nous, quant à présent,
au méchanisme qui le produit, suivant notre
Auteur.

Le suicide est l'acte d'un homme qui, dé-
goûté de la vie, tourne ses forces contre lui-
même pour précipiter la destruction de son
être. Or, l'essence de l'homme est, selon

vous, de travailler à la conservation de son être. Les motifs qui fatiguent, qui tiraillent son cerveau, ont donc tous cette direction, quoiqu'ils y tendent par des routes opposées. Daignez, Monsieur, m'expliquer, en suivant les regles de la méchanique que vous admettez seules, comment un corps se meut précisément dans la direction contraire à celle vers laquelle il est porté par son essence, & par tous les mouvemens qui agissent sur lui. Une bombe placée dans un mortier qui forme un angle avec l'horison, poussée vers un but par la force de la poudre, & précipitée vers la terre par son attraction naturelle, décrit une courbe moyenne proportionnelle entre ces deux mouvemens, qui se termine toutefois à la surface de la terre, si aucun obstacle ne l'arrête, parce que la gravitation dont l'action est continuelle, a plus de force que l'impulsion de la poudre qui est momentanée. Si l'on vous disoit que cette bombe, au lieu de former sa parabole, est retombée sur le mortier dont elle étoit partie, vous en concluriez qu'elle a rencontré dans l'air quelque obstacle qui l'a forcée de prendre cette direction. Si l'on ajoutoit que ce mouvement s'est opéré par le seul concours de la force, de la pesanteur & de l'impulsion de la poudre, vous

répondriez que cette explication eſt contraire
à toutes les loix du mouvement : cependant
cette explication eſt celle même que vous me
donnez , lorſque vous eſſayez de me faire entendre que l'ame humaine purement matérielle , & n'agiſſant que par les loix de la méchanique , eſt néceſſitée , par ſon eſſence qui la
porte à la conſervation de ſon être , & par des
motifs qui tendent eſſentiellement au même
but , de vouloir ſa propre deſtruction. Non ,
Monſieur , le dérangement le plus abſolu dans
les organes , ce dérangement que nous nommons *folie*, *démence*, *fureur*, ne pourroit produire cet effet. Ce déſordre auroit la force
d'arrêter le mouvement de la machine , d'en
opérer à la longue la diſſolution , par le choc de
tant d'impulſions différentes ; mais il ne par-
viendroit pas à faire agir notre organe intérieur
contre lui-même , contre ſon eſſence , contre
le but unique de tous les motifs qui le remuent ,
ſi la volonté n'étoit différente du pur méchaniſme. (*a*) Il n'y a , dites-vous encore , aucune
» différence entre un homme qu'on jette par
» la fenêtre , & un homme qui s'y jette lui-mê-
» me , ſinon que l'impulſion du premier vient
» du dehors , & celle du ſecond , du dedans «.
— D'accord , Monſieur ; mais cette impulſion

____

(*a*) Syſt. de la Nat. *Ibid.*

du dedans seroit impossible, si toutes les actions de l'homme étoient l'effet du méchanisme. Il est de l'essence de l'aiguille
aimantée de se diriger vers le Nord. L'impression de l'air, un dérangement dans le
méchanisme de cette aiguille, produisent des
déclinaisons : mais vous ririez, si l'on vous
disoit qu'une aiguille aimantée s'est dirigée
d'elle-même, & sans aucun effort des corps
extérieurs, vers le Midi. Avouez donc que
l'expérience trop multipliée, qui nous prouve
que les hommes se portent quelquefois à at-
tenter sur eux-mêmes, & à provoquer volontairement leur destruction, est la preuve la
plus complette de notre liberté, par l'abus
même que ces mélancoliques en font, contre
la destination de la Nature.

Terminons ce chapitre par la réponse à
deux argumens, par lesquels l'Auteur du Systême de la Nature se flatte de démontrer la
non-liberté de l'homme.

N. 5.

*Réponse à deux argumens de l'Auteur du Systéme de la
Nature, contenant le résumé de tout ce chapitre.*

Pour prouver que *l'homme n'est libre en aucun instant de sa durée* (a), l'Auteur du Sys-

*On suit avec
l'Auteur du
système de la*

____

(a) Syst. de la Nat. Tom. 1, ch. 11, pag. 219 & 220.

Nature, les différentes parties de l'exiſtence de l'homme.

tême de la Nature décompoſe, pour ainſi dire, notre exiſtence.» L'homme n'eſt pas maître » de ſa conformation qu'il tient de la Nature. «— Oui, Monſieur, ſi vous conſidérez le moment de ſon exiſtence, & les premieres années dans leſquelles l'organiſation n'étant pas encore parvenue à ſa perfection, la raiſon eſt embarraſſée par les entraves que la foibleſſe des organes met à l'exercice de nos facultés naturelles ; mais ces entraves ceſſent, & l'homme jouit du plein exercice de ſa raiſon. Qu'arrive-t-il, ſuivant vous-même ?

Juſqu'à quel point l'homme eſt maître de ſon temperament, d'après l'Auteur du Syſtême de la Nature, lui-même.

» Que le Phyſicien, dites - vous dans un » autre lieu (a), que l'Anatomiſte, que le » Médecin réuniſſent leurs expériences & » leurs obſervations pour nous montrer ce » que nous devons penſer d'une ſubſtance » qu'on s'eſt plu à rendre méconnoiſſable ; » que leurs déouvertes apprennent au Mora- » liſte les vrais moyens qui peuvent influer » ſur les actions des hommes; aux Légiſlateurs, » les motifs qu'ils doivent mettre en uſage » pour les exciter à travailler au bien - être » général de la ſociété ; aux Souverains, les » moyens de rendre véritablement & ſolide- » ment heureuſes les nations ſoumiſes à leur

---

(a) Syſt. de la Nat. Tom. 1 , chap. 7 , pag. 99 & 109.

» pouvoir : *des ames physiques & des besoins*
» *physiques demandent un bonheur physique*
» *& des objets réels, préférables aux chimeres*
» *dont depuis tant de siecles on repaît nos esprits.*
» Travaillons au physique de l'homme, ren-
» dons-le agréable pour lui, & bientôt nous
» verrons le moral devenir meilleur & plus
» fortuné; son ame rendue paisible & sereine,
» sa volonté déterminée à la vertu par les
» motifs naturels & palpables qu'on lui présen-
» tera, les soins que le Législateur se donnera,
» formeront des citoyens sains, robustes &
» bien constitués, qui se trouvant heureux,
» se porteront aux impressions utiles que l'on
» voudra donner à leurs ames. Les ames se-
» ront toujours vicieuses, quand les corps
» seront souffrans, & les nations malheu-
» reuses : *Mens sana in corpore sano ;* voilà ce
» qui peut constituer un bon citoyen «.

Une réflexion se présente à la lecture de ce
morceau & de beaucoup d'autres qui se rencontrent dans votre ouvrage. A quoi servent
tous ces conseils que vous donnez aux Phi-
syciens, aux Moralistes, aux Législateurs,
s'ils ne sont pas libres de les suivre, s'ils sont
entraînés nécessairement par une fatalité irrésistible. Placés dans la chaîne immuable des
événemens, ils ne feront rien de plus que

ce qui a été réglé par une néceffité invariable. Je n'infifterai pas davantage fur cette
réflexion, qui fera la matiere du chapitre fuivant ; mais, de votre aveu, le Phyficien,
l'Anatomifte, le Médecin, peuvent contribuer à rendre l'homme meilleur. En effet,
l'expérience nous apprend que des alimens
doux forment un fang plus calme, que l'habitude des plaifirs les rend néceffaires, tandis
que la privation, ou un ufage moderé, conferve à l'organe intérieur toute fa force
pour réfifter à des defirs déréglés. Il n'eft
donc pas vrai que l'homme parvenu à l'âge
auquel la raifon exerce fon empire, ne foit
en aucune maniere maître de fon organifation, de fa conformation, de fon tempérament.

En quoi l'homme eft maître de fes idées ?

*Vous ajoutez qu'il (a) n'eft pas maître de
fes idées ou des modifications de fon cerveau,
qui font dues à des caufes qui, malgré lui, &
à fon infu, agiffent continuellement fur lui.* —
L'homme n'eft maître, ni de l'action des objets
extérieurs fur fes organes, ni du fentiment
qu'ils excitent en lui, par la communication
intime de l'ame & du corps : j'en conviens
avec vous ; mais les idées ne fe forment en lui,

____

(a) Syft. de la Nat. *Ibid.*

que

que par la combinaison des senfations qu'il
éprouve; ce qui suppofe un être capable de
comparer ces senfations, & c'eft volontairement qu'il les compare; puifqu'il eft le maître de
s'en diftraire, avec plus ou moins de facilité,
fuivant la force de ces senfations, fuivant l'habitude qu'il a contractée de s'y appliquer ou
de s'en diftraire.

» Il n'eft pas le maître de ne pas aimer,
» ou de defirer ce qu'il trouve aimable, ou
» defirable «. — Non, fans doute, car la fenfation d'un objet aimable excite le defir de
le poffeder : mais je viens de vous prouver
que l'habitude de céder à ce defir, ou d'y
réfifter, rend la fenfation plus active, ou
moins forte. L'homme juge fon propre defir,
il le compare avec les dangers qu'il peut courir s'il fe porte à le fatisfaire, & l'expérience prouve qu'il y réfifte quelquefois; il
eft donc maître de réfifter, le fens intime
nous l'apprend.

» (a) Il n'eft point le maître de ne point dé-
» libérer, quand il eft incertain des effets que
» les objets produifent fur lui «. Ici, Monfieur, vous avez pleinement raifon; car l'effence de l'homme étant de contribuer de

En quoi il eft maître de fes actions.

L'homme n'eft pas maître de s'empêcher de délibérer. Ce qui en réfulte?

(a) Syft. de la Nat. *Ibid.*

Tome I.   M

toutes ſes forces à ce qu'il croit tendre à ſon bonheur, lors même qu'il ſe porte à détruire ſon être, il ne le fait que par le déſeſpoir de ſe ſouſtraire aux maux qu'il éprouve ou qu'il redoute; mais délibérer, c'eſt comparer les idées, les ſenſations, les deſirs avec les dangers qui peuvent réſulter de l'action à laquelle ces deſirs nous portent. De ce que l'homme délibere, il réſulte qu'il ſent en lui le pouvoir de réſiſter ou de céder à ſon deſir.

S'il eſt maître d'agir ? Equivoque.

» (a) Il n'eſt pas maître d'agir autre- » ment qu'il ne fait, au moment où ſa vo- » lonté eſt déterminée par ſon choix «. — Sans doute, lorſque le choix eſt fait : lorſqu'il s'eſt convaincu, bien ou mal, que le parti qu'il prend eſt le plus avantageux pour lui ; mais vous oubliez qu'il a délibéré, qu'il a choiſi, & par conſéquent qu'il a été dans un équilibre qui lui laiſſoit le pouvoir de choiſir. Cet équilibre étoit-il rompu *par une paſſion trop forte, un entendement trop foible, un dérangement dans ſes organes ? il n'étoit libre en aucun ſens*, dit M. de Voltaire (b). Je n'examine pas ſi cette propoſition exigeroit quelques reſtrictions ; mais alors l'homme

---

(a) Syſtéme de la Nat. *Ibid.*

(b) M. de Voltaire ci-deſſus.

étoit malade , & c'eſt l'état de nature , c'eſt-à-dire , l'état de la ſanté , que nous devons conſidérer pour connoître l'eſſence de l'homme.

Il ſemble donc qu'on pourroit réduire le raiſonnement de l'Auteur du Syſtême de la Nature , à ce peu de paroles.

” Suppoſons que l'homme ſoit entraîné né- ” ceſſairement par un deſtin irrévocable , par ” la ſérie des mouvemens de la matiere , ni la ” ſenſation , ni le deſir , ni la volonté , ni la ” détermination , ni l'action ne ſeront libres ” en lui , & par conſéquent il ne ſera libre ” dans aucun inſtant de ſon exiſtence. “ — Sans doute , Monſieur , ſi l'on admet votre ſuppoſition ; mais cette ſuppoſition eſt préciſément ce qui eſt en queſtion. Votre raiſonnement ſe réduit donc à une pétition de principe , ſuivant le langage de l'école ; c'eſt-à-dire , que vous prenez pour baſe de votre concluſion la propoſition que vous aviez à démontrer. —(a) ” L'ame , au moment où elle agit , ne peut ” agir autrement ; au moment où elle choiſit , ” ne peut choiſir autrement ; au moment ” où elle veut , ne peut vouloir autrement ;

______

(a) Syſt. de la Nat. *Ibid.*

» parce qu'une chofe ne peut exifter, & ne
» point exifter en même temps. « — Rien
n'eſt ſi évident, lorſque le choix eſt fait, que
l'action eſt déterminée par la volonté ; mais
ce choix que l'homme a fait, cette détermination qu'il a priſe ſuppoſoient le pouvoir
d'un choix, d'une détermination contraire ;
car il n'y a point de choix, point de détermination là où tout eſt néceſſaire.

En-quel inſ-
tant l'homme
eſt-il libre ?
Réponſe.

Vous me demandez en quel inſtant de ſon
exiſtence l'homme eſt libre ? — Je réponds
que l'homme n'eſt pas libre à l'inſtant de la
ſenſation, parce qu'il n'étoit pas en ſon pouvoir d'arrêter l'action des objets extérieurs ;
qu'il n'eſt nullement libre après la détermination, parce que l'exercice de ſa liberté eſt
conſommé ; mais qu'il eſt libre lorſqu'il combine ſes ſenſations, car il pourroit s'en diftraire, & il le fait quelquefois ; qu'il eſt libre,
lorſqu'il compare ſes idées, & qu'il les juge ;
qu'il eſt libre lorſqu'il ſe décide entre le deſir
que la ſenſation & l'idée qui la ſuit, font
naître en lui, & les dangers qu'il prévoit pouvoir réſulter de ſon action ; qu'il eſt libre
enfin, à l'inſtant qu'il ſe détermine d'après
cette comparaiſon : voilà ce que le ſens intime & l'expérience journaliere nous apprennent.

Je ne peux comparer le raisonnement que je
viens d'analyſer, qu'à un autre que je trouve
dans le même Auteur. (a)

“ Notre ame ſe montre matérielle, dit-il,
“ dans les obſtacles invincibles qu'elle
“ éprouve de la part des corps. Si elle fait
“ mouvoir mon bras, quand rien ne s'y op-
“ poſe, elle ne fera plus mouvoir ce bras, ſi
“ on le charge d'un trop grand poids. Voilà
“ donc une maſſe de matiere qui anéantit
“ l'impulſion donnée par une cauſe ſpirituelle,
“ qui, n'ayant aucune analogie avec la ma-
“ tiere, ne devroit pas trouver plus de diffi-
“ culté à remuer le monde entier, qu'à re-
“ muer un atome, & un atome que le monde
“ entier. ”

Notre ame eſt ſpirituelle ; il exiſte entre
cet être ſpirituel & la matiere organique que
je nomme mon corps, une communication à
laquelle je ne peux aſſigner d'autre cauſe que
la volonté du Légiſlateur univerſel : je le
prouverai dans un autre lieu. Mais ſi mon
ame eſt ſpirituelle, ſi elle eſt libre, en dois-je
conclure qu'elle ait le pouvoir d'aſſigner
d'autres loix à la matiere, que celles que Dieu
lui a données. Ma volonté aura donc la force

Des obſtacles.
S'ils prouvent
en nous le
défaut de li-
berté ? Cercle
perpétuel.

***

(a) Syſt. de la Nat. *Ibid.* Chap. 7, pag. 92.

M iij

de ſoulever mon bras, lorſqu'un obſtacle invincible pour moi ne s'oppoſera pas à ce mouvement. Mais je ferai contraint de demeurer en repos, ſi une force plus grande que celle des muſcles de mon bras arrête ſon action. Que conclure de-là ? Que je ne ſuis pas tout-puiſſant ? Qui en doute ? Que je ne ſuis pas libre de vouloir ou de ne pas vouloir lever le bras? Je n'apperçois pas la liaiſon du principe avec la conſéquence.

Remarquez, Monſieur, que vous confondez dans votre argument la volonté avec l'action; que vous faites agir mon ame ſur mon corps, comme la puiſſance agit ſur le levier; & par conſéquent que non-ſeulement vous ſuppoſez que mon ame eſt purement matérielle, mais que vous ſuppoſez encore que la faculté de vouloir, n'eſt en moi qu'un pur méchaniſme de l'organe du cerveau, qui ne diffère en rien des mouvemens que nous appercevons dans les autres parties de la matiere : voilà ce que l'expérience, ce que le ſens intime démentent. Que penſer, Monſieur, d'une philoſophie qui ne ſe contente pas, pour expliquer les phénomenes de la nature, de nous renvoyer aux *qualités occultes* des Peripatéticiens ſi juſtement ridiculiſés, depuis qu'une lumiere plus pure, &

des guides plus fûrs ont été montrés à la raifon humaine ; mais qui y joint les fophifmes de l'école, fource de tous les égaremens de l'efprit humain !

CHAPITRE V.

DES dangers que renferme le Syftéme du Fatalifme, confidéré du côté de la morale, de l'éducation, de la légiflation & de la politique.

LES plus faines maximes de morale, d'éducation, de légiflation, de politique, fe trouvent mêlées dans le Syftême de la Nature, avec les erreurs les plus funeftes à la tranquillité publique. Y a-t-il donc une telle affinité entre les principes qui nous placent fous la dépendance de l'Être Suprême, & le refpect dû aux Puiffances légitimes, qu'on ne puiffe donner atteinte aux uns, fans ébranler l'autre ? Effayons de féparer la vérité de l'erreur.

Prouvons enfuite que des principes reconnus par les défenfeurs du fatalifme eux-mêmes, il réfulte un argument invincible contre leur fyftême.

§. I.

Mélange des vérités les plus importantes avec les erreurs les plus pernicieufes.

N. 1.

Expofition des faines maximes de morale, d'éducation, de légiflation & de politique, contenues dans le Syftême de la Nature.

De l'intérêt; ce que c'eft. Pourquoi nous prenons plaifir aux actions vertueufes des autres.

(*a*) » L'ON appelle *intérêt*, l'objet auquel
» chaque homme, d'après fon tempérament
» & les idées qui lui font propres, attache
» fon bien-être....... Ainfi, lorfque nous di-
» fons que *l'intérêt eft l'unique mobile des actions
» humaines*, nous voulons indiquer par-là
» que chaque homme travaille, à fa ma-
» niere, à fon propre bonheur, qu'il place
» dans quelque objet, foit vifible, foit ca-
» ché, foit réel, foit imaginaire, & que
» tout le fyftême de fa conduite tend à l'ob-
» tenir. Cela pofé, nul homme ne peut être
» défintéreffé. L'on ne donne ce nom qu'à
» celui dont nous ignorons les mobiles, ou
» dont nous approuvons l'intérêt ; c'eft ainfi
» que nous appelons généreux, fidele &

____

(*a*) Syft. de la Nat. Tom. 1, chap. 15, pag. 315 & fuivantes.

» désintéreffé, celui qui eft bien plus touché
» du plaifir de fecourir fon ami dans l'infor-
» tune, que de celui de conferver dans fon
» coffre d'inutiles tréfors. Nous appelons dé-
» fintéreffé, tout homme à qui l'intérêt de fa
» gloire eft plus précieux que celui de fa for-
» tune. Enfin nous appelons défintéreffé un
» homme qui fait à l'objet auquel il attache
» fon bonheur, des facrifices que nous ju-
» geons coûteux, parce que nous n'attachons
» pas le même prix à cet objet. «

(a) » Forcés de juger des actions des
» hommes d'après leur effet fur nous, nous
» approuvons l'intérêt qui les anime toutes
» les fois qu'il en réfulte quelque avantage
» pour l'efpece humaine : c'eft ainfi que nous
» admirons la valeur, la générofité, l'amour
» de la liberté, les grands talens, la vertu,
» &c. Nous ne faifons alors qu'approuver les
» objets dans lefquels les êtres que nous
» louons, ont placé leur bonheur..... Mais
» dans ces jugemens, nous ne fommes pas
» défintéreffés nous - mêmes : *l'expérience, la*
» *réflexion, l'habitude, la raifon même nous*
» *ont donné un goût moral*, & nous trouvons
» autant de plaifir à être témoins d'une action

(a) Syft. de la Nat. *Ibid.* Pag. 316 & 317.

» grande & généreufe, qu'un homme de goût
» en trouve à la vue d'un beau tableau, dont
» il n'eft pas propriétaire. Celui qui s'eft fait
» une habitude de pratiquer la vertu, eft un
» homme qui a fans ceffe devant les yeux,
» l'intérêt qu'il a de mériter l'affection, l'ef-
» time & les fecours des autres, ainfi que le
» befoin de s'aimer & de s'eftimer lui-même.
» Rempli de ces idées, il s'abftient même des
» crimes cachés, qui l'aviliroient à fes pro-
» pres yeux.... «

Admirez quels motifs l'Auteur préfente à l'homme vertueux.

Que l'intérêt perfonnel bien entendu, eft le feul mobile qui nous porte à la vertu.

(a) » Dans aucun des inftans de fa durée,
» un être fenfible & intelligent ne peut perdre
» de vue fa confervation & fon bien-être. Il
» fe doit donc le bonheur à lui-même; mais
» bientôt l'expérience & la raifon lui prou-
» vent que, dénué de fecours, il ne peut tout
» feul fe procurer toutes les chofes néceffaires
» à fa félicité. Il vit avec des êtres fenfibles,
» intelligens, occupés comme lui de leur
» propre bonheur, mais capables de l'aider
» à obtenir les objets qu'il defire pour lui-
» même; il s'apperçoit que ces êtres ne lui
» feront favorables, que lorfque leur bien-être

____

(a) Syft. de la Nat. *Ibid.* Pages 318 & fuivantes.

» y fera intéressé ; il en conclut que, pour son
» bonheur, il faut qu'il se conduise en tout
» temps d'une façon propre à se concilier l'at-
» tachement, l'approbation, l'estime & l'assis-
» tance des êtres les plus à portée de con-
» courir à ses vues. Il voit que c'est l'homme
» qui est le plus nécessaire au bonheur de
» l'homme, & que, pour le mettre dans ses in-
» térêts, il doit lui faire trouver des avan-
» tages réels à seconder ses projets : mais
» procurer des avantages réels aux êtres de
» l'espece humaine, c'est avoir de la vertu.
» L'homme raisonnable est donc obligé de
» sentir qu'il est de son intérêt d'être ver-
» tueux.

» La vertu n'est que l'art de se rendre heu-
» reux soi-même de la félicité des autres.
» L'homme vertueux est celui qui communi-
» que le bonheur à des êtres capables de le
» lui rendre, nécessaires à sa conservation, à
» portée de lui procurer une existence heu-
» reuse.

» Tel est donc le vrai fondement de toute
» morale. Le mérite & la vertu sont fondés
» sur la nature de l'homme & sur ses besoins ;
» ce n'est que par la vertu qu'il peut se rendre
» heureux ..... Il n'existe point de douceur
» dans les familles, si les membres qui les

» compofent ne font dans l'heureufe volonté
» de fe prêter des fecours mutuels, de s'en-
» tr'aider à fupporter les peines de la vie, &
» d'écarter, par des efforts réunis, les maux
» auxquels la nature les affujettit. Le lien
» conjugal n'eft doux, qu'autant qu'il identifie
» les intérêts des deux êtres réunis par le
» befoin d'un plaifir légitime ; d'où réfulte le
» maintien de la fociété politique & capable
» de lui former des citoyens. L'amitié n'a de
» charmes que lorfqu'elle affocie plus parti-
» culiérement des êtres vertueux, c'eft-à-dire,
» animés du defir fincere de confpirer à leur
» bonheur réciproque. Enfin ce n'eft qu'en
» montrant de la vertu, que nous pouvons
» mériter la bienveillance, la confiance, l'ef-
» time de tous ceux avec qui nous avons des
» rapports : en un mot, nul homme ne peut
» être heureux tout feul..... «

(a) » L'homme de bien ne peut être jamais
» complétement malheureux, il ne peut être
» totalement privé de la récompenfe qui lui
» eft dûe : la vertu peut tenir lieu de tous les
» biens ou bonheurs d'opinion ; il n'en eft
» point qui puiffe la remplacer. Ce n'eft pas
» que l'homme honnête foit exempt d'af-

____

(a) Syft. de la Nat. *Ibid.* Pag. 326 & 327.

» flictions. Ainsi que le méchant, il est sujet
» aux maux physiques ; il peut être dans l'in-
» digence ; il est souvent en butte à la ca-
» lomnie, à l'injustice, à la haine : mais au
» milieu de ses traverses, de ses peines & de
» ses chagrins, il trouve en lui-même un sup-
» port ; il est content de lui-même, il se res-
» pecte, il sent sa propre dignité, il connoît
» la bonté de ses droits, & se console par la
» justice de sa cause. Ces appuis ne sont pas
» faits pour le méchant. Sujet, ainsi que
» l'homme de bien, à des infirmités, & aux
» caprices du sort, il ne trouve dans le fond
» de son cœur que des sources de regrets, des
» remords ; il s'affaise sur lui-même, il n'est
» pas soutenu par sa conscience, son esprit
» & son corps se trouvent accablés de tous
» côtés à la fois..... «

Passons aux maximes qui regardent l'éducation, la législation, la politique.

(a) » Le cœur de l'homme est un terrein,
» qui, suivant sa nature, est également pro-
» pre à produire des ronces ou des grains
» utiles, des poisons ou des fruits agréables,
» en raison des semences qu'on y aura je-

Des avanta-
ges de l'édu-
cation, de la
législation, &
de l'exemple
pour former
les hommes à
la vertu.

(a) Syst. de la Nat. *Ibid.* Chap. 9, pages 149 & suivantes.

» tées, & de la culture qu'on lui aura donnée.
» Dans notre enfance, on nous montre les
» objets que nous devons estimer ou mépri-
» ser, chercher ou éviter, aimer ou haïr,
» Ce sont nos parens & nos instituteurs qui
» nous rendent bons ou méchans, sages ou
» déraisonnables, studieux ou dissipés, so-
» lides ou légers, & vains : leurs exemples,
» leurs discours nous modifient pour toute
» notre vie, & nous apprennent quelles
» sont les choses que nous devons desirer ou
» craindre. Nous les desirons & nous tâchons de
» les obtenir, suivant l'énergie de notre tem-
» pérament, qui décide toujours de la force
» de nos passions. C'est donc l'éducation qui,
» en nous inspirant des opinions ou des
» idées vraies ou fausses, nous donne les im-
» pulsions primitives, d'après lesquelles nous
» agissons d'une façon avantageuse ou nui-
» sible à nous-mêmes & aux autres. Nous
» n'apportons en naissant que le besoin de
» nous conserver & de rendre notre existence
» heureuse. L'instruction, l'exemple, la con-
» versation, l'usage du monde nous en pré-
» sentent les moyens réels ou imaginaires ;
» l'habitude nous procure la facilité de les
» employer, & nous attache fortement à
» ceux que nous jugeons les plus propres à

» nous mettre en poffeffion des objets que
» nous avons appris à defirer........ Pour
» que l'homme fût vertueux, il faudroit qu'il
» eût intérêt à l'être...... Il faudroit pour
» cela que l'éducation lui donnât des idées
» raifonnables, que l'opinion publique &
» l'exemple lui montraffent la vertu, comme
» l'objet le plus digne d'eftime, que le Gou-
» vernement la récompenfât fidelement, que
» la gloire l'accompagnât toujours, que le
» vice ou le crime fuffent conftamment mé-
» prifés ou punis.... «

(a) » Le bonheur de l'homme ne réfultera
» jamais que de l'accord de fes defirs avec les
» circonftances. La puiffance fouveraine
» n'eft rien pour celui qui la poffede, s'il
» n'en fait ufer pour fon propre bonheur ;
» elle eft un mal très-réel, fi elle le rend
» malheureux; elle eft un abus déteftable, fi
» elle produit l'infortune du genre humain....
» Un Sage fur le trône feroit le plus fortuné
» des mortels. Un Monarque eft un homme
» à qui tout fon pouvoir ne peut procurer
» d'autres organes, & d'autres facultés de
» fentir, qu'au dernier de fes fujets. S'il a
» des avantages fur lui, c'eft par la gran-
» deur, la variété, la multiplicité des objets

Les avantages de la puiffance font nuls, fi elle ne contribue à la félicité publique.

(a) Syft. de la Nat. *Ibid.* Chap. 16, pag.. 337.

» dont il peut s'occuper , qui, donnant une
» action continuelle à son esprit, l'empêchent
» de se flétrir & de tomber dans l'ennui. Si
» son ame est vertueuse & grande, son am-
» bition sera de satisfaire à chaque instant,
» à la vue du pouvoir de réunir les volon-
» tés de ses sujets à la sienne , de les inté-
» resser à sa conservation, de mériter leur
» affection , & d'arracher les respects & les
» éloges de toutes les nations. Telles sont les
» conquêtes que la raison propose à tous
» ceux que le sort destine à gouverner les
» Empires…. Les Rois ne sont les plus heu-
» reux des hommes, que parce qu'ils ont la
» faculté de faire un plus grand nombre d'heu-
» reux, & de multiplier ainsi les causes du
» contentement légitime d'eux-mêmes «.

M. Bossuet a exprimé la même idée d'une
maniere plus sublime.

(a) » Lorsque Dieu forma le cœur & les
» entrailles de l'homme, il y mit premiére-
» ment la bonté, comme le propre caractere
» de la Nature Divine, & pour être comme la
» marque de cette main bienfaisante dont
» nous sortons…. La grandeur qui vient par-
» dessus, loin d'affoiblir la bonté, n'est faite
» que pour l'aider à se communiquer davan-

____
(a) Oraison funebre du Prince de Condé.

tage,

» tage, comme une fontaine publique qu'on
» éleve pour la répandre «.

» La politique, pour être utile, (ajoute l'Au-
» teur du Syftême de la Nature (a)) doit
» fonder fes principes fur la Nature, c'eft-à-
» dire, fe conformer à l'effence & au but de
» la fociété. Celle-ci n'étant qu'un tout formé
» par la réunion d'un grand nombre de fa-
» milles & d'individus raffemblés pour fe pro-
» curer plus facilement leurs befoins récipro-
» ques, les avantages qu'ils defirent, des fe-
» cours mutuels, & fur-tout la faculté de
» jouir en sûreté des biens que la Nature &
» l'induftrie peuvent fournir ; il s'enfuit que
» la politique deftinée à maintenir la fociété,
» doit entrer dans ces vues, en faciliter les
» moyens, écarter tous les obftacles qui pour-
» roient les traverfer «.

» Les hommes, en fe rapprochant les uns des
» autres pour vivre en fociété, ont fait, foit
» formellement, foit tacitement, un pacte,
» par lequel ils fe font engagés à fe rendre des
» fervices, & à ne fe pas nuire ; mais comme
» la nature de chaque homme le porte à cher-
» cher à tout moment fon bien-être dans
» la fatisfaction de fes paffions, ou de fes ca-

Objet de la politique. Elle réunit les intérêts particuliers, vers l'intérêt général.

Définition de la loi, fuivant l'Auteur du Syftême de la Nature. Renvoi au §. fuivant.

(a) Syft. de la Nat. *Ibid.* Chap. 9, pag. 141 & fuivantes.

» prices paffagers, fans aucun égard pour fes
» femblables, il fallut une force qui le ra-
» menât à fon devoir, l'obligeât de s'y con-
» former, & lui rappelât fes engagemens que
» fouvent la paffion pouvoit lui faire oublier.
» Cette force, c'eft *la Loi*, elle eft la fomme
» des volontés de la fociété réunie pour
» fixer la conduite de fes membres, ou pour
» diriger leurs actions, de maniere à con-
» courir au but de l'affociation «.

C'eft ici qu'il eft néceffaire de féparer l'i-
vraie du bon grain, & qu'en rapprochant les
erreurs femées dans l'ouvrage que je réfute,
des principes conftitutifs de toute autorité
légitime, je dois prévenir mes Lecteurs fur
les funeftes conféquences qui réfultent d'un
fyftême deftructeur de toute Religion. J'efpere
qu'ils me permettront d'interrompre, pendant quelques inftans, les difcuffions métaphyfiques, pour fixer leur attention fur un objet
fi intéreffant pour l'humanité.

N. 2.

*Oppofition de quelques maximes de l'Auteur du Syftême de
la Nature, avec les principes conftitutifs de toute autorité légitime.*

Des principes
conftitutifs
des Gouver-
nemens.

» Comme la fociété, fur-tout quand elle
» eft nombreufe, (dit l'Auteur du Syftême

» de la Nature), ne pourroit que très-diffici-
» lement s'assembler, & sans tumulte faire
» connoître ses intentions, elle est obligée de
» choisir des citoyens à qui elle accorde sa
» confiance ; elle en fait les intrepretes de
» ses volontés, elle les rend dépositaires du
» pouvoir nécessaire pour les faire exécuter :
» telle est l'origne de tout *Gouvernement*, qui,
» pour être légitime, ne peut être fondé
» que sur le consentement libre de la société,
» sans laquelle il n'est qu'une violence, une
» usurpation, un brigandage. Ceux qui sont
» chargés du droit de gouverner, s'appellent
» *Souverains, Chefs, Législateurs ;* & suivant
» la forme que la société a voulu donner
» à son Gouvernement, ces Souverains s'ap-
» pellent *Monarques, Magistrats, Représen-*
» *tans*, &c. «

suivant l'Auteur du Système de la Nature.

J'ai observé que de l'habitude de personni-
fier la Nature, le Philosophe que je réfute,
tire cet avantage, que, l'esprit appercevant
sous l'image de la Nature personnifiée, un
être souverainement intelligent, se prête plus
aisément à ses raisonnemens ; au lieu que, s'il
réduisoit ce mot *la Nature*, à la signification
qu'il lui donne dans son système, l'esprit n'au-

Examen de ces proposi-tions.
Qu'est-ce que la Loi ?

____

(a) Syst. de la Nat. *Ibid.*

roit vu qu'une matiere morte, infenfible, deftituée d'intelligence & de volonté, conduite par un fatalifme aveugle, ou par des propriétés inconnues ; par conféquent des effets fans caufe.

Une femblable équivoque fe remontre dans les deux morceaux que je viens de copier.

Vous convenez que la *nature de chaque homme le portant à chercher à tout moment fon bien-être dans la fatisfaction de fes paffions, ou de fes caprices paffagers, fans égard pour fes femblables*, la fociété ne pourroit fubfifter, *fans une force qui ramenât l'homme à fon devoir* ; mais refufant de reconnoître un Être Suprême qui veille à la confervation de l'ordre qu'il a établi dans le monde, qui affermit les Souverains fur leur trône par la poffeffion & par le confentement tacite des peuples, il ne vous refte que de donner à un être intellectuel perfonnifié, *la Loi*, la force de contenir les intérêts particuliers, & de les concentrer dans l'intérêt commun.

Qu'eft-ce que la Loi ? Je la définis *la volonté d'un Légiflateur pour le bien général de la fociéte :* fuivant vous au contraire, c'eft un contrat entre les individus qui compofent la fociété, *la fomme des volontés réunies pour fixer la conduite des membres* (de chaque fo-

ciété), *ou pour diriger leurs actions de ma-*
niere à concourir au bien de l'association.

Admettons pour un inftant votre définition. Ne voyez-vous pas, Monfieur, que cet être intellectuel que nous nommons *la Loi*, n'a par lui-même aucune force pour veiller à l'obfer-vation de ce qu'il ordonne. Vous n'ofez nier cette vérité. *Comme la société*, dites-vous, (a) *fur-tout quand elle eft nombreufe, ne pour-roit que très-difficilement s'affembler, & fans tumulte faire connoître fes intentions, elle eft obligée de choifir des citoyens à qui elle ac-corde fa confiance.* Ces citoyens repréfentans de la fociété en général, feront donc les exécuteurs de la Loi. Ajoutons qu'il en feront les auteurs ; car ce n'eft qu'en perfonnifiant un autre être collectif, *la fociété*, que vous par-venez à le repréfenter à l'imagination comme capable de pefer avec maturité les avan-tages & les inconvéniens de la *Loi*. La fo-ciété en elle-même eft une multitude d'indivi-dus pouffés par des intérêts particuliers, inca-pables de les concentrer par la réflexion, dans le bien général. Que devient donc votre con-trat ? Les Repréfentans de la nation, ceux qui auront pris un afcendant fur la multitude,

--- --

(a) Syftême de la Nat. *Ibid.*

N iij

n'auront-ils pas des intérêts particuliers, des passions à satisfaire? Dès-lors ils tourneront les esprits de la multitude très - susceptible d'impulsion, vers les moyens propres à leur procurer à eux-mêmes les avantages qu'ils cherchent : la compression des foibles sera en raison du nombre des oppresseurs, elle sera immense. Votre *volonté libre* d'une société nombreuse, est donc une chimere impossible à supposer,

(a) Ceux qui font chargés du foin de gouverner, s'appellent SOUVERAINS, CHEFS, LÉGISLATEURS, ... MONARQUES, MAGISTRATS, REPRÉSENTANS, &c.

Delà les différentes formes de Gouvernement qui ont leurs avantages & leurs inconvéniens, comme tous les établissemens humains. Elles se maintiennent par la possession, & la maxime la plus importante à la tranquillité publique ; celle par conféquent vers laquelle tous les suffrages se doivent réunir, à laquelle on ne peut donner atteinte sans crime envers la société, est celle-ci : que la possession paisible doit être maintenue, que les changemens sont quelquefois possibles, quoique presque toujours dangereux, quand ils attaquent la forme du

Gouvernement ; mais qu'ils ne doivent réfulter que de la conviction des efprits, & d'une progreffion prefque infenfible ; qu'enfin c'eft un crime d'Etat, d'effayer de donner atteinte par voie de fait à la forme conftitutive du Gouvernement établi, & par conféquent que rien n'eft plus pernicieux que cette propofition par laquelle l'Auteur du Syftême de la Nature termine cet article.

» Le Gouvernement n'empruntant fon pou-
» voir que de la fociété, & n'étant établi que
» pour fon bien, il eft évident qu'elle peut
» révoquer ce pouvoir, quand fon intérêt l'e-
» xige. « — Changer la forme de fon Gouvernement, étendre ou limiter le pouvoir que la fociété a confié à fes chefs, fur lefquels elle conferve toujours une autorité fuprême, par la loi immuable de la Nature, qui veut que la partie foit fubordonnée au tout ; voilà, Monfieur, ce que j'appelle un crime.

La fociété peut révoquer fes pouvoirs, ditesvous, *fi fon intérêt l'exige*. Laiffons à l'écart l'examen du droit, pour nous renfermer dans le fait. A quoi fervira ce prétendu droit, s'il n'eft aucun cas dans lequel il foit utile à la fociété d'en ufer, s'il n'eft aucun juge poffible de l'intérêt de la fociété. Quel feroit ce juge ? La fociété elle-même ? — Mais une fociété

Conféquence pérnicieufe & abfurde que l'Auteur du Syftême de la Nature tire de fes définitions.

N iv

nombreufe n'eft pas un feul être, c'eft une multitude d'êtres difpofés au changement, par l'inquiétude que les abus, plus ou moins grands, mais inféparables de tous établiffe-mens humains, ne manquent jamais de lui infpirer, incapable par conféquent de juger fainement de fon intérêt réel. — *La fociété agit par fes repréfentans.* — Ici la difficulté reparoît dans toute fa force ; fi ces repréfentans font en grand nombre, ils retombent dans l'in-convénient que je viens de décrire. En grand ou en petit nombre, n'auront-ils pas des in-térêts particuliers, des paffions à fatisfaire ? Et qui vous affurera qu'ils feront affez généreux pour les facrifier au bien public ? Remarquez encore, que plus le nombre des intérêts parti-culiers fera grand, plus ils peferont fur la multitude incapable d'autre effort, que de feconder aveuglément l'impulfion de fes chefs.

On répond à cette objection, que le peuple eft très-capable de choifir fes repréfentans.

M. de Montefquieu l'avoit penfé avant l'Auteur du Syftême de la Nature.

>> Le peuple, dit-il (a), eft admirable pour >> choifir ceux à qui il doit confier une partie

(a) Efprit des Loix, Liv. 2, chap. 2.

» de son autorité : il n'a à se déterminer que
» sur des choses qu'il ne peut ignorer, & des
» faits qui tombent sous ses sens ; il sait très-
» bien qu'un homme a été souvent à la guerre,
» qu'il a eu tel ou tel succès : il est donc très-
» capable d'élire un Général. Il sait qu'un
» juge est assidu ; que beaucoup de gens se
» retirent de son Tribunal contens de lui ;
» qu'on ne l'a pas convaincu de corruption :
» en voilà assez pour qu'il élise un Préteur.
« Il est frappé de la magnificence & des ri-
» chesses d'un citoyen : cela suffit pour qu'il
» puisse choisir un Edile. Toutes ces choses
» sont des faits dont il s'instruit mieux dans
» la place publique, qu'un Monarque dans son
» palais. . . . . «

Ces exemples ne regardent que les détails
de l'administration politique. Observez cependant combien le peuple est facile à séduire,
même en ce point.— *Il sait*, dites-vous, *qu'un
tel homme a été souvent à la guerre, qu'il a eu
tels & tels succès.* — D'accord : mais connoit-
il parfaitement la capacité de cet homme ? Il
a apperçu quelques actions d'éclat qui ont
réussi : mais a-t-il mesuré le génie de celui
qu'il choisit ? Sait-il s'il sera assez vaste pour
prévoir & déconcerter les projets d'un en-
nemi habile, pour combiner les mouvemens

d'une armée nombreuse, pour la difpofer de maniere que toutes fes parties fe prêtant des fecours mutuels, réuniffent la rapidité & la force à la précifion dans les mouvemens? — *Il fait qu'un juge eft affidu, que beaucoup de gens fe retirent de fon Tribunal contens de lui.* — Je l'admets avec vous : mais avec quelle facilité l'hypocrite ne parvient-il pas à tromper le peuple par un mafque impofteur ? quel afcendant la brigue & les largeffes n'ont-elles pas fur lui ? combien la calomnie fouvent méprifée par l'homme jufte, eft-elle puiffante fur la multitude ? — *Il eft frappé de la magnificence & des richeffes d'un citoyen. Il peut choifir un Edile.* — Le jugement du peuple eft plus fûr, j'en conviens, quand les emplois auxquels il nomme n'exigent qu'une pompe extérieure : mais eft-il aucun de ces emplois qui ne demande de la fidélité, de l'intelligence & du goût, dans lequel, par conféquent, la voix de la multitude ne foit fujette aux égarémens d'une prévention, dont elle ne revient, prefque toujours trop tard, que lorfque l'expérience & la réfléxion ont divifé cette maffe immenfe qui fe précipitoit vers un fantôme trompeur, ignorant les refforts cachés qui l'avoient ébranlée ?

Que fera-ce, fi le peuple n'a pas feulement

à choisir ses Magistrats, chargés de veiller
en son nom à l'exécution de la loi , mais
ses Représentans dans la législation même.
Vous prétendez que ce tourbillon emporté
par un mouvement rapide dont il ignore les
principes, aura assez de prudence & de saga-
cité pour distinguer la vertu d'une apparence
trompeuse , le mérite réel , des talens bril-
lans , mais superficiels , & pour porter une
main assurée sur le petit nombre d'hommes
capables d'un tel ministere !

Concluons que , si le maintien de la tranquillité publique exige de conserver le Gouvernement républicain dans les pays où il est
établi , il est absurde & criminel d'inspirer
une inquiétude dangereuse à ces nations plus
heureuses, chez lesquelles une possession ancienne, justement regardée comme le décret
de cette puissance infinie qui domine l'univers, confie de race en race à une seule mai-
son le droit de commander à toutes , arrête
par l'ordre invariable de la succession à la
Couronne, les brigues & les combats insépa-
rables d'un intérêt si puissant , place enfin le
Monarque à un tel degré d'élévation sur nos
têtes , que, comblé des honneurs & des ri-
chesses qu'un peuple libre offre à l'envi à ses
vœux, il ne lui reste d'autre intérêt réel ,

Conséquence de ce qui vient d'être dit.

que celui de procurer, par la sagesse de son Gouvernement, le bonheur d'une nation à laquelle il est uni par les liens indissolubles de sa gloire & d'un amour paternel, comme elle lui est attachée par un amour filial, par un respect & une fidélité inaltérables, gages les plus certains de son bonheur.

Autres principes aussi dangereux de l'Auteur du Système de la Nature.

» Tout homme qui n'a rien à craindre, (dit
» encore notre Auteur (a)) devient bientôt
» méchant. Celui qui croit n'avoir besoin de
» personne, se persuade qu'il peut sans ména-
» gement suivre les penchans de son cœur.
» La crainte est donc le seul obstacle que la
» société puisse opposer aux passions de ses
» Chefs, qui, sans cela, se corromperoient
» eux-mêmes, & ne tarderoient pas à se servir
» des moyens que la société leur met en main
» pour se faire les complices de leurs iniqui-
» tés. Pour prévenir cet abus, il faut donc que
» la société limite le pouvoir qu'elle confie à
» ses Chefs, & s'en réserve une portion suffi-
» sante pour les empêcher de nuire. Il faut
» que prudemment elle partage ses forces,
» qui, réunies, l'accableroient infailliblement:
» d'ailleurs, la réfléxion la plus simple lui
» fera sentir que le fardeau de l'adminstration

____

(a) Syst. de la Nat. *Ibid.* Pages 145 & 146.

» est trop grand pour être porté par un seul
» homme, que l'étendue & la multiplicité de
» ses devoirs rendront toujours négligent,
» que l'étendue de son pouvoir rendra tou-
» jours méchant ; enfin l'expérience de tous
» les âges convaincra les nations que l'homme
» est toujours tenté d'abuser du pouvoir, que
» le Souverain doit être soumis à la Loi, &
» non la Loi au Souverain. «

Examinons encore ce morceau.

Tout homme qui n'a rien à craindre, devient bientôt méchant. — Oui, Monsieur, s'il a intérêt à l'être : mais rien n'est plus vrai que cette ancienne maxime, que *personne n'est méchant sans intérêt.* Vous observez vous-même (a) que *la nature ne fait les hommes, ni bons, ni méchans......* Il faudroit qu'elle les eût fait méchans, pour qu'ils se nuisissent les uns aux autres sans intérêt. En effet, quiconque n'a aucun intérêt de nuire, en a un très-réel de faire le bien, celui de s'attirer l'estime, la considération, l'amour de ses semblables. — *Celui,* dites-vous encore, *qui, n'a besoin de personne, se persuade qu'il peut, sans ménagement, suivre les penchans de son cœur.* — Sans doute, Monsieur : mais le Mo-

Réfutation de ce système, avec des réfléxions sur les différentes formes du Gouvernement.

____

(a) Syst. de la Nat. *Ibid.* Page 149.

narqué le plus abſolu n'a-t-il beſoin de per-
ſonne ? Si la ſociété l'a placé dans un lieu ſi
élevé, qu'il puiſſe, ſans nuire aux autres, ſatisfaire tous ſes deſirs, ſes vœux ſe porteront naturellement vers une paſſion à l'abri
de l'ennui & de la ſatiété, le deſir de plaire,
de faire des heureux. — *La crainte eſt le ſeul
obſtacle que la ſociété puiſſe oppoſer aux paſſions de ſes Chefs, qui, ſans cela, ſe cor-
romperont eux-mêmes, & ne tarderont pas
à ſe ſervir des moyens que la ſociété leur met
en main pour ſe faire des complices de leurs
iniquités*........ — Oui, Monſieur, ſi le
pouvoir du Souverain dans tout état, eſt
limité ; car il laiſſera aux individus des intérêts particuliers à ſatisfaire, & ces intérêts ſe
réuniront pour écraſer le peuple, cette partie
de la nation qui eſt incapable d'une réſiſtance efficace, par la difficulté de ſe réunir &
de ſuivre l'exécution d'un grand projet. Vou-
lez-vous qu'elle y parvienne ? elle n'en ſera
que plus malheureuſe : delà les émotions po-
pulaires, les guerres civiles, &c. ; des ruiſ-
ſeaux de ſang couleront de toutes parts ; la
famine, la peſte dévaſteront les villes & les
campagnes. Pour quel intérêt ? Qui ſera le
vainqueur dans ce combat horrible ? Les
Chefs ? Ils ſeront portés, par la réſiſtance

même qu'ils auront éprouvée, à aggraver le joug ? Le peuple ? Vous aurez changé la forme du Gouvernement. Espérez-vous en trouver une qui ne soit pas susceptible d'abus ? — *Pour les prévenir, il faut que la société limite le pouvoir qu'elle confie à ses Chefs, & s'en réserve une portion suffisante pour les empêcher de lui nuire ; il faut que prudemment elle partage des forces, qui, réunies, l'accableroient infailliblement.* — Admirable maxime dans le Gouvernement républicain. Le peuple y est le Souverain : il ne doit donc confier à personne une autorité suffisante pour l'accabler. Eh ! quel Souverain que ce peuple, incapable de réfléchir par lui-même, entraîné infailliblement vers ceux qui parviennent à prendre un ascendant sur lui par des dehors souvent trompeurs, ou par l'abus de l'éloquence ! Je dirai de même dans la Monarchie. Il est prudent que le Monarque, le représentant né de la chose publique, partage les pouvoirs qu'il donne à ses Officiers, pour empêcher qu'ils n'en abusent, & n'élevent dans le sein de l'Etat une puissance rivale de la sienne : mais essayer dans aucune espece de Gouvernement, de partager l'autorité souveraine, sous prétexte de lui opposer des contre-poids, c'est se précipiter dans les malheurs que l'on veut éviter.

Remarquez que je parle ici de la *Mo-narchie*, non du *despotisme* ; car le partage des pouvoirs intermédiaires subordonnés & dépendans, les formes légales & le droit de représentations, non celui de résistance, font les caracteres qui distinguent ces deux especes de Gouvernemens. Le despotisme n'admet pas ce partage : la raison en est que, n'arrêtant le combat des intérêts particuliers contre l'intérêt général, que par l'anéantissement de toute volonté privée, & de toute propriété, il ne se soutient que par la crainte. Il est donc de la nature de ce gouvernement, que chacun des représentans du despote, ait tous les pou-voirs nécessaires pour faire passer la terreur du Sultan jusqu'au moindre de ses sujets.

Arrêtons-nous un moment sur les raisons que M. de Montesquieu nous donne de cette nécessité prétendue de limiter les pouvoirs du Souverain, pour fixer une bonne fois la diffé-rence du *pouvoir arbitraire*, qu'aucun Gouver-nement ne peut admettre, parce qu'il est con-traire à la raison, à la liberté naturelle à la-quelle aucun homme ne peut renoncer, & du *pouvoir absolu* que tout Gouvernement est forcé de reconnoître dans le Souverain, à peine de tomber dans une contradiction ab-surde, mais qui se diversifie suivant la nature

de

de la constitution politique, qui n'admet dans le *despotisme* aucune ressource pour suspendre son activité, tandis qu'il les multiplie dans la *Monarchie*.

» Un homme, dit M. de Montesquieu (a),
» à qui ses cinq sens disent sans cesse, qu'il est
» tout, & que les autres ne sont rien, est
» naturellement paresseux, ignorant, volup-
» tueux. Il abandonne donc les affaires ; mais
» s'il les confioit à plusieurs, il y auroit des
» disputes entr'eux ; on feroit des brigues
» pour être le premier esclave. Le Prince se-
» roit donc obligé de rentrer dans l'admi-
» nistration. Il est donc plus simple qu'il
» l'abandonne à un *Visir*, qui aura d'abord la
» même puissance que lui. L'établissement d'un
» Visir est dans un Etat despotique, une loi fon-
» damentale. « — Cet établissement n'est pas
une loi fondamentale, ou c'en seroit une que le
despote fût paresseux, ignorant, voluptueux.
Les grands Princes ne furent pas tels en Turquie même ; mais il n'est que trop ordinaire
qu'ils le soient, parce que le despotisme de
constitution est contraire à la nature, que le
despote nécessité, par la forme même du gouvernement, d'inspirer la terreur, n'est pas

On continue de développer la distinction de la Monar- chie, & du despotisme de constitution.

____

(a) Esprit des Loix, Liv. 2, chap. 5.

Tome I. O

affez averti de l'intérêt qu'il a de fe concilier l'amour des peuples. Si mille voix lui répétoient fans ceffe cette vérité fondamentale, comme elles le répétent au Monarque, il chériroit trop fon autorité, qui lui procure les moyens de fe concilier l'amour de fes fujets, pour s'en dépouiller, en ne fe réfervant à lui-même que le droit odieux de facrifier arbitrairement un Vifir à fes caprices.

(a) » La réflexion la plus fimple, dit encore » l'Auteur du Syftème de la Nature, fera fen- » tir (à la fociété) que le fardeau de l'admi- » niftration eft trop grand pour être porté » par un feul homme, que l'étendue & la » multiplicité de fes devoirs rendront tou- » jours négligent, que l'étendue de fon pou- » voir rendra toujours méchant. « — La ré- flexion la plus fimple apprendra au Monar- que, que le fardeau de l'adminiftration eft trop grand pour être fupporté par un feul homme ; mais elle lui apprendra auffi que, s'il eft obligé de choifir des repréfentans, il eft le centre auquel toute l'autorité doit fe reporter, à qui tous fes Miniftres, tous les Adminiftrateurs inférieurs doivent rendre compte. Il pourra commettre quelques né-

─────────────────────

(a) Syft. de la Nat. *Ibid.* Page 146.

gligences, fans doute, car la fragilité humaine n'admet rien de parfait ; il pourra arriver que la féduction, les intérêts particuliers de ceux qui l'environnent, l'emportent fur l'intérêt public : mais combien le danger fera-t-il moindre, lorfque ces intérêts particuliers ne feront foutenus par aucun droit de réfiftance, que, fi ceux fur qui ils dominent trop fouvent, avoient un pouvoir fuffifant pour empêcher le Monarque de réformer les abus auxquels les paffions, les intérêts particuliers auroient donné naiffance!

Obfervez, Monfieur, qu'il eft de l'effence de la Monarchie, que les fujets foient libres, & par conféquent que leurs vœux, que leurs befoins, que leurs plaintes foient portées aux pieds du Trône, foit par eux-mêmes, foit par les Magiftrats que le Monarque a choifis pour être inftruit par leur voix de fon véritable intérêt, qui n'eft autre que l'intérêt public. Si ces plaintes font fondées, fi ces avertiffemens font raifonnables, ne craignez pas que le Monarque ferme long-temps l'oreille à tant de voix, qui lui rappellent des vérités pour lefquelles l'amour de lui-même, le defir de fon propre bonheur, le follicitent. Mais vous prétendez que le peuple où fes repréfentans doivent mettre un frein à fa puiffance.

Le peuple n'eft-il donc pas fufceptible d'erreurs ? Les Magiftrats les plus fages feront-
ils toujours infenfibles au puiffant aiguillon
de l'intérêt particulier ? — *L'étendue du pouvoir d'un feul homme le rendra toujours méchant.* — Quelle idée, Monfieur, vous nous
donnez de la nature humaine, fi un homme
eft méchant par-là même qu'il peut l'être im-
punément, quoiqu'aucun intérêt ne l'y folli-
cite, quoique fon intérêt réel y réfifte ! —
» *L'expérience de tous les âges convaincra*
» *les nations, que l'homme eft toujours tenté*
» *d'abufer du pouvoir ; que le Souverain doit*
» *être foumis à la loi, & non la loi au Sou-*
» *verain.* « — Il eft, Monfieur, des loix que
le Monarque ne peut enfreindre, & qu'il n'en-
freindra jamais, parce que fon propre intérêt
s'y oppofera toujours : tels font les premiers
principes de la loi naturelle, la barriere la
plus ferme de fon Empire. S'il effayoit d'y
porter atteinte, il donneroit au peuple un
exemple funefte contre lui-même. Il eft des
loix fondamentales de chaque Empire, qui
ne font écrites dans aucun Code, mais dans
les faftes de l'Hiftoire. Ne craignez pas que
le Monarque s'en écarte. La premiere de toutes
eft celle même qui affure la plénitude de fa
puiffance inféparable du droit d'établir des

loix pofitives conformes aux mœurs, au génie de la nation, à fa richeffe, à fa pauvreté, à une multitude de circonftances fujettes au changement.

Vous appelez l'expérience à votre fecours. Confultez les faftes d'un Royaume qui fubfifte depuis 1300 ans, ils vous apprendront que les véritables calamités publiques n'ont jamais été occafionnées que par l'élévation d'une puiffance rivale de l'autorité du Monarque. C'eft ainfi qu'après les défordres de l'Anarchie qui durerent trop long-temps, les Maires du Palais s'éleverent à l'Empire par un effet du pouvoir trop étendu que les derniers defcendans de *Clovis* leur avoient donné. C'eft ainfi que la Monarchie fut divifée fous les defcendans de Charlemagne, & que chaque Seigneur devint le tyran d'un peuple ferf. C'eft ainfi que, dans les premieres années du regne de *Charles V*, l'abominable *Marcel* remplit la capitale de meurtres & de carnage. C'eft ainfi que plus de la moitié de la France méconnut *Charles VII*, fon Souverain légitime, pour fe foumettre à une domination étrangere, & que ce Prince, profcrit par fes fujets, fut contraint de conquérir fon Royaume. C'eft à ces erreurs que font dues les cruautés de *Louis XI*, par le contre-poids qu'effaya de mettre à fon autorité cette prétendue ligue du bien public, formée dans les premieres années de ce regne. Ce furent ces mêmes erreurs qui donnerent naiffance à cette autre ligue, plus funefte encore, dont les efforts infenfés tendoient à priver la France du meilleur de fes Rois, & dont les fuites affreufes précipiterent ce Prince dans le tombeau.

Ceffez donc, Monfieur, d'effayer de donner à la nation une énergie fi funefte, & obfervez vous-même quelle liaifon intime les maximes de la Religion ont avec les principes qui affurent la tranquillité des Empires.

N. 3.

Liaifon des principes de la Religion, avec les maximes qui affurent la tranquillité publique ; caufe du mêlange qui vient d'être préfenté.

L'Auteur du Syfiême de la Nature, infulte à la patience avec laquelle Dieu tolére les crimes.

Ici vous infultez à la patience, avec laquelle Dieu tolére les crimes & les blafphêmes des hommes.

» Si ce Dieu, dites-vous (a), eft jaloux de
» fes prérogatives, de fes titres, de fon rang,
» de fa gloire ; pourquoi y fouffre-t-il que

____

(a) Syft. de la Nat. Tome 2, chap. 3, pag. 70.

» tant d'hommes puiffent l'offenfer ? Pour-
» quoi permet-il que tant d'autres aient de
» lui des opinions fi défavorables ? Pourquoi
» s'en trouve-t-il quelques-uns qui ont la té-
» mérité de lui refufer l'encens dont fon or-
» gueil eft fi flatté ? *Comment permet-il qu'un
» mortel comme moi ofe attaquer fes droits, fes
» titres, fon exiflence même ?* C'eft pour te
» punir, direz - vous, d'avoir abufé de fes
» graces. Mais pourquoi permet-il que j'abufe
» de fes graces ? ou pourquoi les graces qu'il
» me donne ne font-elles pas fuffifantes pour
» me faire agir felon fes vues ? C'eft qu'il t'a
» fait libre. Pourquoi m'a-t-il accordé une li-
» berté, dont il devoit prévoir que je pour-
» rois abufer ? Eft-ce donc un préfent bien
» digne de fa bonté, qu'une faculté qui me
» met à portée de braver fa toute-puiffance,
» de lui débaucher fes adorateurs, & de me
» rendre moi-même éternellement malheu-
» reux ? N'eût-il pas été plus avantageux
» pour moi de n'être jamais né, ou du moins
» d'avoir été mis au rang des brutes, ou des
» pierres, que d'être malgré moi placé parmi
» les êtres intelligens, pour y exercer le fatal
» pouvoir de me perdre fans reffource, en
» outrageant, en méconnoiffant l'arbitre de
» mon fort ? Dieu n'eût-il pas bien 'mieux

» montré fa bonté toute-puiffante à mon
» égard, & n'eût-il pas travaillé plus effica-
» cement à fa propre gloire, s'il m'eût forcé
» de lui rendre des hommages, & par-là de
» mériter un bonheur ineffable ? «

C'eft ici l'objection du mal moral. Je me propofe de vous prouver dans un autre lieu, que la Religion feule nous offre dans un Dieu vengeur des crimes, & remunérateur des vertus, l'unique confolation capable de foulager les maux, dont le jufte eft trop fouvent accablé en ce monde. Si cette Religion ne fatisfait pas notre curiofité fur l'effence de l'Être infini, inacceffible à la raifon humaine, fi elle ne diffipe pas entiérement nos doutes, la réponfe qu'elle nous fournit à cette terrible difficulté, eft celle de toutes qui choque le moins la raifon. Je me borne ici à quelques réflexions fur les dangers d'une telle déclamation.

Quand cette fainte Religion ne feroit qu'une chimere, n'auriez-vous pas dû, Monfieur, refpecter une erreur accréditée depuis tant de fiecles, & regardée jufqu'ici comme le plus ferme appui de la tranquillité publique ? Si votre objet étoit de détromper les hommes de ce fantôme impofant que les hommes fe font fait à eux-mêmes, dites-vous, c'étoit par des raiſons, non par un enthouſiaſme dangereux, & une inſulte publique à l'objet du culte des mortels, que vous deviez tenter d'y parvenir.

Vos confreres, les Sages de notre ſiecle, blâment le zele indiſcret de ces martyrs, qui n'entroient dans les temples des Payens, que pour inſulter la Divinité qu'on y adoroit, & briſer ſes idoles. L'Egliſe même ne les juſtifie, qu'en leur ſuppoſant une inſpiration, un ordre exprès de Dieu. Au moins étoient-ils excuſables, par la perſuaſion intime dans laquelle ils étoient qu'ils parviendroient à ſubſtituer un culte raiſonnable, à un culte inſenſé, & qu'ils retiendroient les peuples dans l'obéiſſance par les liens de l'amour & de la crainte du Dieu véritable, ſeul digne des hommages des mortels. Mais vous, Monſieur, qui avez formé le projet d'effacer de l'eſprit des hommes toute croyance de la Divinité, qui ſubſtituez une matiere morte, & un fataliſme aveugle à l'opinion que les peuples avoient eue juſqu'ici d'un Dieu vengeur & remunérateur, n'avez-vous pas réflechi aux précautions avec leſquelles un pareil ſyſtême devoit être propoſé, qu'il étoit néceſſaire de s'aſſurer d'abord par l'expérience, que les paſſions des hommes pouvoient être contenues par la ſeule conſidération de leur intérêt réel, avant de les engager, par votre exemple, à inſulter & à Dieu & aux Rois, qu'ils regardent comme l'image de la Divinité ſur la terre?

L'Auteur du Syſtême de la Nature impute à la Religion les fautes des Souverains. Déclamation ſéditieuſe.

» Les Miniſtres du Très-Haut (dit encore » notre Auteur (a)), toujours tyrans eux- » mêmes, ou fauteurs des tyrans, ne crient- » ils pas ſans ceſſe aux Monarques, qu'ils ſont » les images du Dieu Très-Haut? Ne diſent- » ils pas aux peuples crédules, que le Ciel » veut qu'ils gémiſſent ſous les injuſtices les » plus cruelles & les plus multipliées, que » ſouffrir eſt leur partage, que leurs Princes, » comme l'Être Suprême, ont le droit indu- » bitable de diſpoſer des biens, de la per- » ſonne, de la liberté de leurs ſujets?... Que » voyons-nous dans ces Potentats, qui *de droit* » *divin* commandent aux nations, ſinon des » ambitieux que rien n'arrête, des cœurs » parfaitement inſenſibles aux maux du genre » humain; des ames ſans énergie & ſans vertu, » qui négligent des devoirs évidens, dont » ils ne daignent pas même s'inſtruire, des

____

(a) Syſt. de la Nat. Tom. 2, chap. 8, pag. 241 & ſuivantes.

» hommes puiſſans qui ſe mettent inſolem-
» ment au deſſus des regles de l'équité natu-
» relle , des fourbes qui ſe jouent de la bonne
» foi ?...... «

Je ne finirois pas, ſi je voulois tranſcrire
toutes les imputations, par leſquelles l'Auteur
du Syſtême de la Nature s'efforce de noircir
les Souverains dans l'eſprit des peuples , ſuppoſant ſans ceſſe que la Religion eſt la ſource
de tous ces crimes.

» La ſuperſtition dans les Princes , dit-il
» encore (a), s'allie avec les crimes les plus
» affreux. Preſque tous ont de la religion,
» très-peu connoiſſent la vraie morale , ou
» pratiquent des vertus utiles. Les notions
» religieuſes ne ſervent qu'à les rendre plus
» aveugles & plus méchans. Ils ſe croient
» aſſurés de la faveur du Ciel ; ils penſent que
» les Dieux ſont appaiſés , pour peu qu'ils
» montrent d'attachement aux pratiques fu-
» tiles , & aux devoirs ridicules que la ſu-
» perſtition leur impoſe. *Néron* , le cruel
» *Néron*, les mains encore teintes du ſang de
» ſa propre mere, voulut ſe faire initier aux
» myſteres d'*Eleuſis*. L'odieux *Conſtantin*
» trouva dans les Prêtres Chrétiens des com-

____

(a) Syſt. de la Nat. *Ibid.* Pag. 245.

>> plices difpofés à expier fes forfaits. Cet in-
>> fâme *Philippe*, que fon ambition cruelle fit
>> nommer *le Démon du Midi*, tandis qu'il
>> affaffinoit fa femme & fon fils, faifoit pieu-
>> fement égorger le Batave pour des opinions
>> religieufes. Cet ainfi que l'aveuglement fu-
>> perftitieux perfuade les Souverains, qu'ils
>> peuvent expier des forfaits par des forfaits
>> plus grands encore ! «

Injuftice de ces imputations.

Vous reffemblez, Monfieur, à un homme qui prétendroit prouver que les loix favorifent les affaffinats & les parricides, parce qu'il s'en commet fous leur Empire.

Pourquoi imputer à la Religion des crimes qu'elle condamne authentiquement. Dans quelques écarts que fes Miniftres foient tombés autrefois, à quelques excès qu'ils fe foient portés, en effayant d'affermir par le glaive le regne d'un Dieu de paix, qui ordonne à fes Difciples de fuir la perfécution de leurs ennemis, & de fubjuguer le monde par la feule force de la parole Divine, ne calomnions cependant, ni la morale de la Religion Chrétienne, ni ceux de fes Miniftres qui prêchent avec fidélité la doctrine qu'elle leur enfeigne.

Quand, pour infpirer aux peuples la foumiffion qu'ils doivent aux Puiffances légitimes, ils leur difent que les Rois tiennent leur pouvoir de Dieu, c'eft-à-dire, de cette Providence univerfelle qui détermine le cours des événemens, qui tient dans fa main le cœur des Rois & celui des Peuples, ils adouciffent par cette vérité le fentiment des maux préfens, en faifant concevoir aux hommes l'efpérance d'un avenir plus heureux, au lieu que le fyftême du fatalifme les plonge dans l'abattement & dans le défefpoir.

Quand ils difent aux Rois qu'ils font les images de Dieu fur la terre, ils leur apprennent que les peuples ne leur ont pas été foumis, pour être le jouet de leurs caprices ; qu'ils contractent, en montant fur le Trône, l'obligation de fe dévouer au bonheur de leurs fujets.

S'ils enfeigneut qu'il n'eft aucun crime dont l'homme ne puiffe obtenir le pardon de la miféricorde infinie de Dieu, ils apprennent à tous les hommes, que Dieu n'accorde le pardon d'aucune faute, qu'au repentir & à la converfion fincere, manifeftée par le changement de conduite.

S'ils reconnoiffent que les Rois n'ont point de juges fur la terre, ils leur apprennent qu'il en exifte un dans le Ciel, devant lequel les titres difparoiffent, qui exigera d'eux un compte d'autant plus rigoureux, qu'ils auront reçù plus de graces & de puiffance, que Dieu punit les Princes en cette vie même, de l'abus qu'ils font de leur pouvoir ; quelquefois par ces grandes révolutions qui entraînent la chûte des Empires ; toujours par la privation du feul bien qui puiffe, aux yeux de la raifon, les rendre jaloux de leur autorité, l'amour & la reconnoiffance des peuples.

Voilà, Monfieur, quelle eft la morale de l'Evangile, également propre à tempérer l'orgueil du Trône, & à foutenir les peuples dans la foumiffion néceffaire au maintien de la tranquillité publique.

Si la flatterie abufe de ces maximes pour fatisfaire des intérêts particuliers, eft-ce un bon moyen de nous préferver de ces dangers, de dire aux Princes qu'ils n'ont rien à redouter de leurs injuftices, de leurs caprices, de leurs cruautés même, s'ils font affez puiffans pour contenir leurs fujets par la crainte, qu'ils ne font pas même coupables, lorfqu'ils cédent à l'impétuofité de leurs paffions, au plaifir du moment, puifqu'enchaînés par les décrets d'un fatalifme irréfiftible, ils n'ont aucune force pour fe foutenir contre la pente qui les entraîne vers le crime ? Eſt-ce un bon moyen de contenir les peuples dans l'obéiſſance, de leur dire, qu'en ſe révoltant contre l'autorité légitime, leurs mouvemens ſont réglés par les loix invariables de la nature, & par conſéquent qu'il n'exiſte d'autre droit pour les uns, comme pour les autres, que le droit du plus fort, ou celui du plus adroit ?

Je me propoſe de retracer plus en détail les principes de morale que la Religion Chrétienne nous préſente. Terminons enfin cette longue digreſſion, à laquelle l'amour du Gouvernement, ſous lequel je vis, m'a conduit pour revenir au ſyſtême du fataliſme en lui-même, & ſuivre les conſéquences qui en réſultent.

§. III.

Les principes de morale, d'éducation, de légiſlation & de politique, reconnus par les défenſeurs du Fataliſme, fourniſſent un argument invincible contre leur ſyſtême.

L'homme n'agit point ſans motifs qui le déterminent ; les motifs ſont corporels, dit-on ; quand un pere menace ſon fils, ou lui promet des récompenſes, quand le Moraliſte prêche, quand le Philoſophe écrit,

&c. ils frappent les fens de leurs auditeurs ou de leurs lecteurs, par des images corporelles qui leur préfentent des motifs corporels, capables de les déterminer à la vertu. — Je fuppofe tout cela avec vous : mais ce Pere, ces Prédicateurs, ces Moraliftes, ces Philofophes ne font-ils pas des hommes ? Ils ne fe déterminent donc à parler, à prêcher, à écrire, que par des motifs corporels. Ces motifs dépendent d'autres caufes corporelles, la tenfion de leurs nerfs, la fluidité des efprits animaux, la flexibilité de leur cerveau, &c. — Sans doute, répondent les défenfeurs du fatalifme (a), » s'il exiftoit dans la » Nature un être vraiment capable de fe » mouvoir par fa propre énergie..... Un » pareil être auroit le pouvoir de fufpendre » le mouvement de l'univers...... « — Vos Moraliftes, vos Sages, vos Philofophes ne font donc que des machines qui prêcheront, qui écriront ce que le fatalifme univerfel aura déterminé : leurs fermons, leurs écrits produiront l'effet que le fatalifme aura réglé. Cependant vous exhortez (b) *le Phyficien, l'Anatomifte, le Médecin à réunir leurs expériences & leurs obfervations pour nous faire connoître*

_____

(a) Syft. de la Nat. Tom. 1, chap. 10.
(b) Voyez *fupra*, chap. 3.

les

les moyens d'exciter les hommes à travailler au bien général de la société.

De grace, Monsieur, de quelle utilité peuvent être vos exhortations pour de pures machines, pour des harpes organisées, de maniere à rendre, sans aucun choix, les sons auxquels elles font destinées par la nature (a) ? » Une éducation sensée, des systê- » mes sages, des loix équitables, des récom- » penses & des peines justement distribuées, » rendront l'homme bon, non des spécula- » tions épineuses qui ne peuvent tout au » plus influer que sur les personnes accoutu- » mées à penser..... « — Rendre l'homme bon ! Quoi, Monsieur, une pure *machine*, une harpe qui se pince elle-même, & qui est pincée par tous les objets qui agissent sur elle! Rappellez-vous que vous nous avez dit que (b) *la nature ne fait les hommes, ni bons, ni méchans, qu'elle en fait des machines plus ou moins actives, mobiles, énergiques, qu'elle leur donne des corps, des organes, des tempéramens, dont les passions & les desirs plus ou moins impétueux, sont des suites nécessaires.*

Ainsi, Monsieur, celui qui se place sur le

____

(a) *Supra.* Ibid.
(b) *Supra.* Ibid.

Tome I. P

grand chemin pour dévaliſer les paſſans, &
celui qui ſe prive des commodités, que ſa
fortune pourroit lui procurer pour ſoulager
ſes ſemblables, ne font rien de plus criminel, ni de plus méritoire, l'un que l'autre ;
ſeulement l'action de l'un eſt nuiſible à la ſociété, tandis que celle de l'autre lui eſt utile.

(a) » Les loix pénales ſont des motifs que
» l'expérience nous montre capables de con-
» tenir ou d'anéantir les impulſions que les
» paſſions donnent aux volontés des *hommes*....
» (Le Magiſtrat) en décernant des gibets,
» des ſupplices, des châtimens quelconques
» aux crimes, ne fait autre choſe que ce que fait
» celui qui, en bâtiſſant une maiſon, y place
» des gouttieres pour empêcher les eaux de la
» pluie, de dégrader les fondemens de ſa de-
» meure..... « — Mais ſi l'homme n'eſt pas
libre dans le choix des motifs qui reglent ſa
conduite, votre prétendue expérience ne
prouve rien ; vous avez délivré la ſociété
d'un citoyen qui en troubloit le repos : mais
l'exemple ne contiendra que ceux que la loi
de la Nature aura deſtinés à être contenus,
& le Magiſtrat lui-même qui a ordonné cet
exemple, n'a ſuivi dans ſon opinion que la
loi invariable de la néceſſité.

(a) Syſt. de la Nat. *Ibid.* Chap. 12, pag. 228.

(a) » Un voleur, dit encore l'Auteur du
» Syftême de la Nature (b), voyant un de fes
» camarades qui montroit peu de fermeté au
» milieu du fupplice, lui dit : *Eft-ce que je*
» *ne t'ai pas dit que dans nôtre métier nous*
» *avions une maladie de plus que le refte des*
» *hommes ?* « — Ce voleur avoit fait ce raifonnement : mille accidens peuvent, dans
l'ordre de la nature, me conduire au tombeau ; je ne les éviterai pas, en reftant dans
la pauvreté, en me privant de tous mes
goûts, en me livrant à un travail pénible ;
ainfi je fouffrirai mille privations pour éviter un danger de plus, fur mille qui m'affié-
gent : je préfere d'être expofé à mille & un
dangers, pour me procurer les biens qui font
l'objet de ma paffion.

Ici nôtre Sage entreprend de prouver l'inu-
tilité, & les inconvéniens de la peine de mort,
décernée par nos loix en plufieurs cas. » On
» vole tous les jours, dit-il (c), aux pieds
» des échafauds où l'on punit les coupables.
» Dans les nations où l'on inflige fi legere-
» ment la peine de mort, a-t-on bien fait

(a) Syft. de la Nat. Tom. 1, chap. 12, pag. 233, dans
la note.

(b) Ibid.

(c) Ibid.

>> attention que l'on privoit la société tous
>> les ans d'un grand nombre d'hommes qui
>> pourroient, par des travaux forcés, lui
>> rendre des services utiles, & la dédomma-
>> ger ainsi du mal qu'ils lui ont fait ? La faci-
>> lité avec laquelle on ôte la vie aux hommes,
>> prouve la tyrannie & l'inhumanité de la
>> plupart des Législateurs ; ils trouvent bien
>> plus court de détruire des citoyens, que
>> de chercher les moyens de les rendre meil-
>> leurs. «

Il n'est pas de mon sujet d'examiner, si la
peine de mort est nécessaire pour contenir
quelques méchans ; mais le choix que les
deux voleurs, que vous citez, avoient fait,
n'étoit pas libre selon vous : ils avoient suivi
l'impulsion de la nature, & le monde eût été
bouleversé, s'ils n'eussent pas pris le parti de
voler pour vivre, ou pour contenter leurs
passions. Dans le même système, les Législateurs qui ont établi la peine de mort pour
punir ce crime, les Magistrats qui l'appliquent, ne sont pas libres. Ils se rendront
donc à votre conseil, ils substitueront la
peine des galeres, ou quelque autre plus utile
à la société, quand l'ordre des choses, quand
l'enchaînement des événemens les y con-
traindra, & il se trouvera peut-être alors

des hommes qui feront un autre calcul, qui mettront dans la balance le defir de fatisfaire leurs paffions, les inconvéniens de la pauvreté, avec le danger d'être condamnés à des travaux pénibles, & la poffibilité d'échapper à la condamnation, ou de fe fauver de la contrainte. Dans ce calcul, ils prendront le parti qui fera réglé par un fatalifme inévitable, par la chaîne immuable des événemens.

Avouez, Monfieur, que foutenir ce fyftême, c'eft dire que les travaux des Philofophes, des Moraliftes, des Légiflateurs, font tous inutiles, qu'il feroit plus raifonnable d'abandonner l'homme à fa deftinée, fans s'occuper de lui préfenter les motifs qui peuvent contribuer à fon bonheur, puifqu'il ne prendra de ces motifs, que ce que le hafard, le deftin, une nature aveugle aura réglé, ou que, s'il entre dans la chaîne des événemens que quelques hommes s'occupent du bonheur de l'humanité, leurs travaux n'auront d'autre utilité que celle qui fera réglée par l'ordre invariable des deftinées.

Le fyftême du fatalifme renferme donc des difficultés plus grandes que celui de l'exiftence de Dieu, de fa providence univerfelle ; il contredit de plus, & rendroit inutiles tous

Conféquences qui réfultent du fyftême du fatalifme.

les principes de morale, de légiflation & de politique.

L'Auteur du Syftême de la Nature a prévu cette objection ; il emploie deux chapitres à la réfuter (a) ; dans l'un il entreprend de prouver que *l'Athéïfme eft compatible avec la Morale ;* dans l'autre, il foutient que *ce Syf- tême n'eft nullement dangereux, qu'il peut être embraffé par le vulgaire.*

N. 4.

De deux chapitres du Syftéme de la Nature, par lefquels l'Auteur prétend répondre à l'objection précédente.

Suite des contradic- tions de l'Au- teur du Syf- têma de la Nature.
Il admet & rejette le fens intime.

J'écarte la déclamation dont ces deux cha- pitres font remplis contre les Prêtres de toutes les Religions, & plus encore cotre les Mi- niftres de la Religion Chrétienne.

» Les principes de l'Athée (dit-il (b),) font
» bien plus inébranlables que ceux de l'En-
» thoufiafte, qui fonde la morale fur un être
» imaginaire, dont l'idée varie fi fouvent,
» même au dedans de fon propre cerveau : fi
» l'Athée nie l'exiftence de Dieu, il ne peut
» nier fa propre exiftence...... «

Ainfi, Monfieur, vous ne portez pas le

(a) Syft. de la Nat. Tom. 2, chap. 12, & 13.
(b) *Ibid.* Chap. 12, pag. 342.

scepticifme, jufqu'à douter de votre propre
exiftence. Mais comment en êtes-vous affuré ?
Par le fentiment intérieur, par ce raifonnement : *Je fens ; je penfe : donc j'exifte.* Cependant vous rejetez ce fens intime. » C'eft,
» dites-vous (a) , fur l'ignorance univerfelle
» des hommes, fur leur inexpérience, fur
» leurs terreurs, fur leurs imaginations trou-
» blées, fur un prétendu *fens intime*, qui n'eft
» réellement que l'effet de l'ignorance, de la
» crainte & de l'inhabitude de réflechir par
» eux-mêmes, & de l'habitude de fe laiffer
» guider par l'autorité : c'eft, ô Théolo-
» giens ! fur des fondemens fi ruineux, que
» vous bâtiffez l'édifice de votre doctrine. «
— De grace, daignez vous accorder avec
vous-même. Si le *fens intime* n'eft qu'une
chimere, je ne fuis pas affuré de mon exiftence. Si le *fens intime* eft le guide le plus fûr
que la Nature m'ait donné pour connoître la
vérité, ce *fens intime* m'apprend, lorfque je
fais une chofe, que je pourrois ne la pas
faire, lorfque je me détermine à une action,
que je pourrois me déterminer à l'action contraire, ou demeurer en repos.

» Celui qui a mûrement réflechi fur lui-

Il admet &
rejette les
principes de
la morale.

____

(a) Syft. de la Nat. *Ibid.* Chap. 13 , pag. 396.

» même (dit encore notre Auteur (a), fur
» fa propre nature, & fur celle de fes affo-
» ciés, fur fes propres befoins, fur les
» moyens de fe les procurer, ne peut s'em-
» pêcher de connoître fes devoirs, de dé-
» couvrir ce qu'il fe doit à lui-même, & ce
» qu'il doit aux autres. Il a donc une mo-
» rale. Il a des motifs réels pour s'y confor-
» mer. Il eft forcé de fentir que fes devoirs
» font néceffaires ; & fi fa raifon n'eft pas
» troublée par des paffions aveugles, ou par
» des habitudes vicieufes, il fentira que la
» vertu eft pour l'homme la route la plus
» fûre à la félicité..... La nature des chofes,
» & fes loix immuables, ne font pas fujettes
» à varier. L'Athée eft toujours forcé de nom-
» mer vice & folie, ce qui lui nuit à lui-
» même, de nommer crime, ce qui nuit aux
» autres, de nommer vertu, ce qui leur eft
» avantageux, ou ce qui contribue à leur
» bonheur durable. « — Des devoirs, Monfieur, des loix, des obligations, un ordre,
en un mot, quoique ce mot vous déplaife,
c'eft-à-dire, une fuite, une liaifon non interrompue de principes & de conféquences,
dans une matiere deftituée d'intelligence,

______

(a) Syft. de la Nat. *Ibid.* Chap. 12, pag. 341.

ſans qu'aucun Légiſlateur les ait établis ; voilà ce que vous ferez difficilement comprendre aux hommes. Mais ce que je deſirerois que vous vouluſſiez bien m'expliquer, c'eſt l'utilité de ces devoirs, ſi toutes les actions des hommes ſont néceſſaires. Vous me dites que les loix leur preſcrivent les regles qu'ils doivent ſuivre. Je conçois qu'ils les ſuivront s'ils ſont raiſonnables, qu'ils s'en écarteront ſi leur raiſon eſt troublée par les paſſions, ou guidée par l'habitude ; mais ſoit qu'ils les ſuivent, ou qu'ils s'en écartent, ils ne ſeront jamais libres, ſelon vous, toujours forcés par une néceſſité impérieuſe.

» Une étude réflechie de la Nature, dites-
» vous encore (*a*), ſuffit pour détromper
» tout homme qui pourra regarder les choſes
» d'un œil tranquille. Il verra que, dans l'u-
» nivers, tout homme eſt lié par des chaî-
» nons invincibles pour l'obſervateur, ou
» ſuperficiel, ou trop bouillant ; mais très-
» ſenſibles pour celui qui voit les choſes de
» ſang-froid...... Les obſervations les plus
» ſimples lui prouveront invinciblement que
» tout eſt néceſſaire, que les effets qu'il ap-
» perçoit ſont matériels, & ne peuvent par

De quelques autres con-
tradictions aussi palpa-
bles.

____

(*a*) Syſt. de la Nat. Chap. 13 , pag. 389.

» conséquent venir que de caufes de même
» nature, quand même il ne pourroit, à
» l'aide de fes fens, remonter jufqu'à ces
» caufes. Ainfi, fon efprit ne lui montrera
» par-tout que de la matiere agiffante; tantôt
» d'une façon que fes organes lui permet-
» tent de fuivre; tantôt d'une façon imper-
» ceptible pour lui : il verra tous les êtres
» fuivre des loix conftantes, toutes les com-
» binaifons fe former & fe détruire, toutes
» les formes changer, & ce grand-tout de-
» meurer toujours le même. Alors, revenu
» des notions dont il étoit imbu, détrompé
» des idées erronées qu'il attachoit par ha-
» bitude à des êtres de raifon ; *il confentira*
» *d'ignorer ce que fes organes ne peuvent faifir ;*
» il reconnoîtra que des termes obfcurs &
» vuides de fens, ne font point propres à ré-
» foudre fes difficultés, & guidé par l'expé-
» rience, il écartera toutes les hypothèfes
» de l'imagination, pour s'attacher à des
» réalités confirmées par l'expérience. « — Il
faut bien, Monfieur, *confentir d'ignorer ce que*
nos fens (ou notre intelligence) *ne peuvent*
faifir. Ainfi, l'exiftence du mal phyfique, &
fur-tout du mal moral, ne doivent pas vous
faire nier celle d'un Légiflateur, Auteur des
Loix que vous admirez avec nous ; car ces

Loix prouvent l'exiſtence du Légiſlateur. Le
mal phyſique qui en réſulte pour quelques
êtres, ne prouve autre choſe que l'ignorance
dans laquelle nous ſommes, de deſſeins éternels, & de la nature de l'Être infini, incom-
menſurable à tout être borné. Le mal moral
prouve très-évidemment la liberté de celui
qui le commet. S'il étoit néceſſité par des
Loix immuables à ſuivre la route la plus conforme à ſon intérêt réel, il ne s'écarteroit jamais du chemin de la vertu. Si les crimes des
hommes étoient la ſuite néceſſaire des com-
binaiſons de l'univers, inutilement vous pro-
poſeriez à l'homme des motifs capables de le
déterminer à la vertu. Vous ne ſeriez vous-
même qu'un point imperceptible, entraîné par
le mouvement univerſel. — *Des termes obſcurs
& vuides de ſens, ne ſont pas propres à ré-
foudre des difficultés.* — D'accord, Monſieur;
mais dites-moi, je vous prie, quelle eſt cette
figure, par laquelle vous perſonnifiez ſans
ceſſe la nature, quoiqu'elle ne ſoit, ſelon
vous, qu'une matiere morte & inſenſible.
Qu'eſt-ce que vos Loix ſans Légiſlateur, ce
fataliſme, cette néceſſité abſolue qui n'a,
dans votre ſyſtême, été établie par aucun
Être ſupérieur à la matiere : enfin cette *énergie*, ces *propriétés* de la matiere dont vous

ignorez la caufe, finon *des termes obfcurs &*
vuides de fens ? — » La caufe premiere de
» (l'univers), devroit répandre de la lu-
» miere fur tout : c'eſt à cette condition
» qu'on en pourroit pardonner l'incompré-
» henfibilité . . . . . « — Auffi produit-elle cet
effet, puifque votre *énergie,* vos *propriétés,*
&c., font inexplicables fans elle.

On examine
avec Abba-
dye & l'Au-
teur du Syf-
tème de la
Nature, *fi un*
Athée peut
être vertueux.

Vous reprochez à Abbadye de fe livrer à
la déclamation (*a*), lorfqu'il nous dit, » qu'un
» Athée ne peut avoir de vertu, qu'elle n'eſt
» pour lui qu'une chimere, la probité qu'un
» vain fcrupule, la bonne foi qu'une fimpli-
» cité . . . . . (L'Athée) *ne connoît de Loi*
(ajoute cet Auteur), *que fon intérêt : fi ce*
fentiment avoit lieu, la confcience ne feroit
qu'un préjugé, la loi naturelle une illufion,
le droit qu'une erreur, la bienveillance n'au-
roit plus de fondement, les liens de la fociété
fe détacheroient, la fidélité feroit ôtée, l'ami
feroit tout prêt à trahir fon ami, le citoyen à
livrer fa patrie, le fils à affaffiner fon pere
pour jouir de fa fucceffion, dès qu'il en trouve-
roit l'occafion, & que l'autorité ou le filence le
mettroient à couvert du bras féculier, qui eſt

____

(*a*) Syſt. de la Nat. *Ibid.* Chap. 12. Abbadye, traité de
la Vérité de la Religion Chrétienne, tom. 1, chap. 17.

à craindre, *les droits les plus inviolables, & les Loix les plus sacrées ne devroient plus être regardées que comme des songes & des visions.* — » N'existe-t-il donc pas de devoirs dans le » système du fatalisme (dit notre Sage) ? » N'existe-t-il plus de motifs qui portent les » hommes à la vertu par le seul principe de » leur intérêt réel ? « — Il en existe, sans doute ; mais ces devoirs, ces motifs sont inutiles, si l'homme n'est pas libre de les suivre ou d'y résister. Ne voyez-vous pas qu'il est contradictoire de présenter à l'homme des motifs pour le déterminer, & de le supposer nécessité. Vous le constituez juge ; & cependant, selon vous, il n'a pas le pouvoir de prononcer en faveur de la cause qui lui paroît la meilleure, puisque son jugement est déterminé par une nécessité à laquelle il ne peut résister. Non, Monsieur, quelques efforts que vous fassiez, vous n'étoufferez pas dans les hommes le sentiment de leur liberté ; mais prenez garde de fournir aux passions des prétextes d'excuser tous les crimes. Une passion effrénée me porte vers un objet, dont l'honnêteté, les loix, le maintien de la tranquillité publique m'interdisent la possession ; mais les circonstances me fournissent le moyen de satisfaire mon desir. Mon

ami eſt comblé de faveurs, qu'il a juſtement
méritées ; mais ſi je peux me ſubſtituer en ſa
place, en le calomniant auprès de ſon pro-
tecteur, j'attirerai ſur moi les mêmes graces.
Je vis dans un état de médiocrité qui me dé-
plaît, un pere avare me fait attendre trop
long-temps ſa ſucceſſion ; il eſt des moyens
de la hâter, qui demeureront éternellement
inconnus, j'ai des reſſources puiſſantes pour
éviter les regards de la Juſtice, en me livrant
au crime, & le maſque de l'hypocriſie garan-
tira ma réputation dans l'opinion des hommes ; en quoi ſerai-je coupable de céder à
ma paſſion, ſi je ne ſuis pas libre d'y réſiſter,
ſi mes crimes ſont placés dans la chaîne irré-
formable des événemens ? Ah, Monſieur !
qu'une telle morale ſeroit ſaiſie avec avidité
par la multitude des méchans qui inondent
la terre ! » — La honte, la crainte, le mé-
» pris de lui-même (dit notre Sage (a)), ne
» troubleront-ils pas le repos du méchant,
» toutes les fois que rentrant en ſoi, il ſe
» verra des mêmes yeux que les autres. «
*N'y a-t-il donc des remords que pour ceux
qui craignent un Dieu ?* — Il en exiſte, ſans
doute, pour les autres ; mais à quoi ſervi-

____

(a) Syſt. de la Nat. *Ibid,* Chap. 12, pag. 340.

ront-ils, si tout est nécessaire : ils ne feront sur leur esprit, que l'impression qui aura été réglée par l'enchaînement universel du monde ; ce contre‑poids n'apportera d'obstacle au mouvement du ressort principal de votre machine, qu'en raison de sa force & de celle du levier sur lequel il agit ; l'une & l'autre sont déterminées par des loix invariables ; delà une conséquence que vous tirez vous‑même : *les vertus les plus sûres, sont celles qui sont fondées sur le tempérament des hommes.* — Sans doute, Monsieur ; car les hommes qui n'ont que des passions modérées, essuient moins de résistance dans la pratique de la vertu ; aussi leurs ames ont-elles moins d'énergie : mais votre proposition n'est pas assez générale dans le système du fatalisme ; il faudroit dire, qu'*il n'y a de vertus que celles de tempérament* : de quel danger seroit un tel principe pour excuser tous les crimes aux yeux du coupable ?

L'Auteur du Système de la Nature, semble avouer ces conséquences du fatalisme. Qu'importe, dit-il (*a*), les conséquences qu'on tirera de mon système, s'il est vrai ; ces con‑

Si l'erreur est quelquefois nécessaire aux hommes ? Conséquences qui résultent des principes de l'Auteur du Système de la Nature contre lui-même.

____

(*a*) Syst. de la Nat. *Ibid.* Chap. 13, pag. 384, dans la note.

féquences feront elles mêmes des vérités. *La vérité peut bien nuire à celui qui l'annonce, mais nulle vérité ne peut nuire au genre humain.*

Aucune illufion n'eft-elle utile aux hommes? L'Auteur combat ici le fentiment de toute l'antiquité. Lorfque *Numa*, pour donner plus d'autorité à fes loix, fuppofoit qu'elles lui avoient été infpirées dans un commerce fecret avec la Nymphe *Egérie*, lorfque *Socrate* fe prétendoit infpiré par un génie familier : une connoiffance profonde de la Nature humaine leur avoit infpiré ces artifices pour l'avantage de l'humanité ; car le peuple eft plus fufceptible d'impulfion que de réflexion. Ce que l'on prend pour des erreurs dans les Sages de l'antiquité, n'étoit fouvent qu'une allégorie ingénieufe, pour imprimer dans l'efprit de la nation les vérités utiles qu'ils lui annonçoient. Cette Nymphe qui infpiroit à *Numa* les loix qu'il dictoit aux Romains, ce génie familier qui inftruifoit Socrate, qu'étoient-ils autre chofe que la raifon humaine, & la loi naturelle perfonnifiée ?

S'il exifte une Religion révélée, elle n'a befoin ni d'illufion, ni de preftige : il lui fuffit des faits qui établiffent fa révélation ;
fût-

fût-elle fauſſe, il ſeroit dangereux de détromper le peuple d'une erreur qui aſſûre la tranquillité publique. — *La vérité ne nuit jamais,*
dit encore notre Auteur, *qu'à ceux qui trom-*
pent les hommes. — Je vous ai déjà fait ob-
ſerver, que cette propoſition ſuppoſe une
force dans la vérité, qui porte la conviction
dans tous les eſprits, & à laquelle les paſſions
des hommes ſoient obligées de céder au
moins à la longue. Cette puiſſance de la
vérité eſt-elle une loi de la Nature, ſem-
blable à celles qui reglent le mouvement des
corps ? Comment eſt-il poſſible de ſuppoſer qu'une pareille loi exiſte ſans un Légiſlateur qui ſoit la vérité même ?

N. 5.

Existe-t-il des Athées ? Examen de l'opinion de l'Auteur du Système de la Nature sur cette question. Autres conséquences qui résultent du système du fatalisme, contre les regles de la saine morale.

On reprend quelques contradictions déjà relevées.

(*a*) » Nul homme, dans son bon sens, ne peut
» nier l'énergie de la Nature, ou l'existence
» d'une force, en vertu de laquelle la matiere
» agit & se met en mouvement : mais nul
» homme, à moins de renoncer à la raison,
» ne peut attribuer cette force à un être placé
» hors de la nature, distingué de la matiere,
» n'ayant rien de commun avec elle.... (*b*)
» Nous avons démontré, que la matiere n'é-
» toit point morte, que la nature essentielle-
» ment agissante & nécessairement existante,
» avoit assez d'énergie pour produire tous les
» êtres qu'elle renferme, & tous les phéno-
» menes que nous voyons. «

C'est-à-dire, Monsieur, que dans votre systême, toutes les parties de la matiere sont ani-
mées & forcées de tendre à un même but, qui
leur est prescrit par la *nature*, par leurs *essences*,
par leurs *énergies* : mais qu'est-ce que cette

(*a*) Syst. de la Nat. Tom. 1 , Pag. 324.
(*b*) *Ibid.* Pag. 333.

nature, ces *essences*, ces *énergies* ? — Une cause
premiere que j'ignore, dites-vous : mais je sais
que ce n'est rien hors de la matiere. — Cependant, chaque partie de la matiere est distincte de
celle qui la touche immédiatement : pourquoi
est-elle assujettie à suivre son mouvement, ou
lui communique-t-elle celui qu'elle a elle-
même ? — En vertu des loix de la Nature,
dont j'ignore la cause ; mais l'expérience me
prouve que ces loix existent. — Cette cause
est, ou dans la matiere, ou hors de la matiere : si vous prétendez qu'elle est dans la
matiere, il faut que vous me fassiez entendre
comment les différentes parties de matiere,
qui n'ont aucun lien commun, s'assujettissent
à suivre des loix uniformes & immuables. Si
elles ont un lien commun, ce lien existe nécessairement hors de la matiere, ou dans la
matiere même : si cette *cause premiere*, cette
nature que vous personnifiez sans cesse, *ce*
lien commun de tous les êtres, existe hors de la
matiere, c'est lui que je nomme *Dieu*; s'il existe
dans la matiere, j'insiste, & je vous demande,
qui a donné à la matiere ces *énergies*, ces *essen-*
ces, ces *propriétés*, &c. — Personne, dites-vous
encore ; elle les a, par son *essence*.—Vous appercevez donc l'existence de ces propriétés dans la
seule définition de la matiere ? — Non : car je

ne connois pas même la nature de la matiere ; cependant j'affirme qu'il ne peut exister
d'autre être qu'elle, parce que je ne conçois
pas quelle pourroit être l'action d'un Être
Supérieur à la matiere. — Je ne connois pas
mieux que vous l'action d'un Être Supérieur
à la matiere ; mais je m'en confole, parce que
je fais qu'étant borné, il m'eft impoffible d'atteindre à l'infini. Cependant, je conçois que
cet Être unique a pu donner, & a donné en
effet des loix à la matiere ; car, c'eft la feule
caufe que je puiffe affigner à vos *énergies*, à
vos *effences*, à vos *propriétés*.

<table>
<tr><td>Définition
des Athées,
par l'Auteur
du Syftême
de la Nature.
Cette défini-
tion donne
lieu de douter
s'il en exifte.</td><td>(*a*) Vous définiffez les Athées des Phyfi-
ciens convaincus que, fans recourir à une caufe
chimérique, l'on peut tout expliquer par les
feules loix du mouvement, par les RAPPORTS
fubfiftans entre les êtres, par leurs infinités,
par leurs analogies, leurs attractions & leurs
répulfions, leurs proportions, leurs compofi-
tions & leurs décompofitions. — N'appercevez-
vous pas, Monfieur, qu'il réfulte de votre
définition, que les Athées font des gens qui
fubftituent des mots, des qualités occultes
à la caufe premiere de tout ce qui exifte ;
des gens inconféquens, puifqu'en partant</td></tr>
</table>

(*a*) Syft. de la Nat. *Ibid.* Pag. 334.

du principe, qu'*il n'y a aucun effet sans cause*, ils rejettent la cause premiere de toutes choses, démontrée par ses effets, au lieu que les vrais Philosophes, sans négliger la recherche des causes secondes, profitent de leurs expériences même, pour se convaincre de l'existence de la cause premiere, dont la nature est impénétrable à l'esprit humain, mais dont la certitude est la clef de toutes les connoissances que nous pouvons acquérir sur notre nature & sur nos devoirs. On peut donc douter si ceux même qui disent, comme l'Auteur du Systême de la Nature, *qu'il n'y a point de Dieu* (a), sont persuadés de cette proposition; car on peut douter de la bonne-foi de tout homme, dont le systême contredit ouvertement le principe, qui est la base de son raisonnement.

Est-il une seule nation qui n'ait aucune idée de la Divinité? Un peuple uniquement composé d'Athées pourroit-il subsister? Voici la réponse de l'Auteur du Systême de la Na-

Il n'est aucun peuple qui ne reconnoisse une Divinité.

Aveu de l'Auteur du Systême de la Nature.

(a) *Voyez* la note au bas de la page 330, sur ce passage du Pseaume: *Dixit insipiens in corde suo, non est Deus:* » L'insensé a dit dans son cœur, il n'y a point de » Dieu. » L'Auteur ajoute, *en retranchant la négation, la proposition seroit plus vraie.*

Q iij

ture (*a*) : » Quoi qu'en puiſſent dire quelques
» Spéculateurs , il ne paroît pas vraiſem-
» blable qu'il y ait ſur notre globe un
» peuple nombreux qui n'ait aucune idée de
» quelque puiſſance inviſible, à qui il donne
» des marques de reſpect & de ſoumiſſion......
» Mais de l'exiſtence de ſes Dieux, le Sauvage
» n'en tire pas la même induction que l'homme
» policé : un peuple ſauvage ne croit pas
» devoir beaucoup raiſonner de ſes divinités,
» il n'imagine pas qu'elles doivent influer ſur
» ſes mœurs, ni fortement occuper ſa pen-
» ſée ; content d'un culte groſſier , ſimple,
» extérieur , il ne croit pas que cette puiſ-
» ſance inviſible s'embarraſſe de ſa conduite
» envers ſes ſemblables ; en un mot, il ne lie
» pas ſa morale à ſa religion ? «

Conſéquences
qui réſultent
de cet aveu. Les Sauvages n'ont pas, ſans doute, la
même tenue dans l'eſprit que les peuples po-
licés. Cette tenue ne s'acquiert que par la
réflexion , & l'habitude du raiſonnement :
l'homme ſauvage, perpétuellement en mouvement, réflechit peu , il raiſonne encore moins.
Vous prétendez que (*b*) le Sauvage ne recon-
noîtroit aucune divinité, s'il n'étoit craintif

____

(*a*) Syſt. de la Nat. *Ibid.* Chap. 13 , p. 375 & ſuivantes.
(*b*) Syſt. de la Nat. *Ibid.* Pag. 376.

& ignorant : » L'un nous montrera le Soleil ou
» la Lune & les Etoiles ; l'autre nous mon-
» trera la mer, les lacs, des rivieres qui lui
» fourniffent fa subfiftance ; les arbres qui lui
» donnent un afyle contre l'inclémence de
» l'air; un autre nous montrera une roche
» d'une forme bizarre, une montagne élevée,
» un volcan qui fouvent l'étonne ; un autre
» vous préfentera fon crocodile, dont il
» craint la malignité, le reptile auquel il
» attribue fa bonne ou fa mauvaife fortune ;
» enfin chaque homme vous fera voir avec
» refpect fon *fetiche*, ou fon dieu domeftique
» & tutélaire. « — Comment la crainte pour-
roit-elle infpirer au Sauvage l'idée de la Divinité, s'il n'attribuoit à fes Dieux aucune
puiffance ? Sa morale eft fans doute plus
groffiere que la nôtre ; mais il en a une, &
la crainte des Dieux le retient, lorfque la
force des paffions l'entraîne vers le crime :
c'eft la conféquence qui réfulte du culte des
Sauvages envers leurs divinités, tel que je
viens de l'expofer, d'après l'Auteur du Syftême de la Nature lui-même.

Pourquoi la Religion du ferment s'affoi-
blit-elle chez toute les nations, à mefure
qu'elles acquirent de la politeffe, fi ce n'eft,
parce que les paffions & les befoins des

Le ferment plus refpecté des Sauvages, que des nations policées ; ce qui s'enfuit.

hommes fe multipliant par degrés, une fauffe
fubtilité s'emparant des efprits, atténue la
crainte des Dieux ? L'hiftoire conftate cette
vérité chez les Grecs, chez les Romains,
chez les Gaulois nos ancêtres. Les Voyageurs
nous repréfentent prefque toutes les nations
fauvages, comme très-fideles à leurs fermens :
ils ne croyent pas tous une vie future ; mais
ils croyent tous que les Dieux les puniroient
dans ce monde, s'ils manquoient aux engagemens qu'ils ont pris en leur préfence. C'eft
encore un frein dont l'Auteur du Syftême de
la Nature effaye de délivrer les hommes.

L'Auteur
du Syftême
de la Nature,
cherche en-
core à déli-
vrer les hom-
mes de ce
frein ?

» A quoi fervent les fermens, dit-il (a),
» ce font des piéges auxquels la fimplicité
» feule pourroit fe laiffer prendre : les fer-
» mens font par-tout de vaines formalités ;
» ils n'en impofent point aux fcélérats, &
» n'ajoutent rien aux engagemens des ames
» honnêtes, qui, même fans ferment, n'euf-
» fent point eu la témérité de les violer. Un
» fuperftitieux parjure & perfide, n'a fans
» doute aucun avantage fur un Athée, qui
» manqueroit à fes promeffes ; l'un & l'autre
» ne méritent pas plus la confiance de leurs
» concitoyens, ni l'eftime des gens de bien.

____

(a) Syft. de la Nat. *Ibid.* Pag. 375.

» Si l'un ne respecte pas son Dieu qu'il croit ;
» l'autre ne respecte, ni sa raison, ni sa ré-
» putation, ni l'opinion publique à laquelle
» tout homme sensé ne peut refuser de
» croire. L'Athée, en manquant à sa parole,
» est condamné par sa raison. « — Point
du tout, Monsieur, si l'Athée pouvoit se
persuader à lui-même qu'il n'est point libre, qu'il est entraîné dans toutes ses actions par une force irrésistible, que toute
la machine du monde pourroit être bou-
leversée (a), *s'il existoit dans la Nature un
seul être capable de se mouvoir par sa propre
énergie. — L'Athée qui manque à sa parole,
méprise sa réputation, l'opinion publique. —*
Nullement encore, si ce système pouvoit
être persuadé au plus grand nombre ; car les
crimes des hommes ne seroient plus considé-
rés que comme les effets inévitables d'un
méchanisme nécessaire. Mais heureusement
pour l'humanité, le système du fatalisme est
abandonné aux disputes philosophiques, &
les hommes se conduisent, comme libres,
dans la pratique. L'Athée qui manque à
sa parole, craindra donc le mépris, s'il y
manque dans une occasion éclatante, s'il a

______

(a) Syst. de la Nat. Tom. 1, cha. 10, pag. 164.

lieu de penſer que ſon crime ſera dévoilé : mais quel frein le retiendra , s'il eſpere que ſa mauvaiſe foi demeure inconnue , ſi celui qu'il opprime eſt trop foible pour faire entendre ſa voix ? Telles ſont les conſéquences qui réſultent d'un ſyſtême , qui tendroit à perſuader aux hommes qu'ils ſe ſont occupés de chimeres , lorſqu'ils ont cru qu'il exiſtoit un Être ſupérieur à la matiere, Auteur du monde, qui ſondoit les plus ſecretes penſées des cœurs, pour punir l'homme qu'il avoit fait libre, de l'abus de ſa liberté.

S'il ſeroit poſſible de faire oublier à tout un peuple ſes opinions religieuſes ? Ce qui réſulte de la réponſe de l'Auteur du Syſtême de la Nature à cette queſtion.

» On demandera peut‑être, (dit encore » notre Auteur (a)) ſi l'on pourroit ſe flatter » de jamais parvenir à faire oublier à tout » un peuple ſes opinions religieuſes, ou les » idées qu'il a de la Divinité. Je réponds que » la choſe paroît entiérement impoſſible, & » que ce n'eſt pas le but qu'on puiſſe ſe pro-» poſer. L'idée d'un Dieu, inculquée dès l'en-» fance la plus tendre, ne paroît pas de na-» ture à pouvoir ſe déraciner de l'eſprit du » plus grand nombre des hommes ; il ſeroit » peut-être auſſi difficile de la donner à des » perſonnes qui, parvenues à un certain âge,

____

(a) Syſt. de la Nat. Tom. 2 , chap. 13 , pag. 381, & ſuivantes.

» n'en auroient jamais entendu parler, que
» de la bannir de la tête de ceux qui, de-
» puis l'âge le plus tendre, en ont été im-
» bus. « — Pardon, Monsieur, ceci me paroît renfermer la contradiction la plus mani-
feste. Vous êtes bien éloigné de croire que
l'idée de Dieu soit innée en vous, qu'elle ait
été donnée à aucun homme par le Légiflateur
univerfel. Cet Être n'exifte pas, felon vous ;
nous n'avons aucune idée que l'expérience ne
nous ait fournie. Or, fi la difficulté de donner l'idée de Dieu à quelqu'un qui n'en auroit
jamais entendu parler, étoit fi grande, comment cette idée feroit-elle imprimée aujour-
d'hui dans l'efprit de tous les hommes ?
car enfin, il faut bien que cette erreur ait
eu un commencement, & ce ne peut être
dans la tête d'enfans qu'elle ait pris naiffance. — Des fourbes ont perfuadé aux hommes qu'il exiftoit des Dieux pour s'en faire
les Miniftres. — Mais ce n'eft pas à des enfans
qu'ils l'ont perfuadé ; il faut donc qu'ils foient
parvenus à donner cette idée *à des perfonnes
d'un certain âge qui n'en avoient jamais entendu
parler.* — L'homme eft naturellement craintif ;
il aime le merveilleux qui donne de l'énergie
à fon ame ; le mal phyfique auquel il s'eft
trouvé expofé, les grandes révolutions que

notre globe a éprouvées, l'ont porté vers
des êtres qu'il a supposé en état de le secourir
dans les malheurs qu'il éprouvoit. — Mais
pourquoi l'homme est-il naturellement disposé à croire le merveilleux ? Une harpe ne
rend des sons que selon la portée & la force
de la corde qui est pincée, le mouvement
d'une roue ne s'étend pas au delà du cercle
que son axe décrit. Si l'homme a imaginé de
lui-même qu'il existoit des êtres supérieurs à
la matiere qui pouvoient le secourir dans les
maux qu'il éprouvoit, il faut bien que l'ordre
du monde, ainsi que le dérangement de cet
ordre lui ait prouvé l'existence d'un Législateur universel.

Conséquence que l'Auteur du Systême de la Nature tire de ces raisonne-mens. Si l'A-théisme peut nuire à la so-ciété ?

L'Auteur du Systême de la Nature conclut
de tous ces raisonnemens, que (a) » l'on ne
» peut supposer que l'on puisse faire passer
» une nation entiere de l'abyme de la supersti-
» tion, c'est-à-dire, du sein de l'ignorance &
» du délire, à l'Athéisme absolu qui suppose
» de la réflexion, de l'étude, des connois-
» sances, une longue chaîne d'expériences,
» l'habitude de contempler la nature, la
» science des vraies causes des phénomenes
» divers, de ses combinaisons, de ses loix,

(a) Syst. de la Nat. Tom. 2, chap. 12, pag. 351 & 352.

» des êtres qui la compofent, & de leurs
» différentes *propriétés.* «

Ainfi aucune nation n'a admis l'Athéifme,
felon notre Auteur. Il reconnoît ici, il avoue
même qu'il eft vraifemblable qu'on ne per-
fuadera jamais ce fyftême à une nation entiere : cependant, après avoir tracé le tableau
le plus effrayant des maux que l'ambition & les
paffions des Miniftres des Religions, fur-tout
de ceux de la Religion Chrétienne ont fait,
dit-il, à l'humanité : il s'écrie avec le Chancelier Bacon, que » l'Athéifme ne troubla ja-
» mais les Etats..... Le paifible *Epicure* n'a
» point troublé la Grece. Le Poëme de *Lu-*
» *crèce* n'a point caufé de guerres civiles à
» Rome ; *Bodin* n'a point été l'Auteur de la
» Ligue ; les écrits de *Spinofa* n'ont point
» excité en Hollande les mêmes troubles que
» les difputes de *Gomer & d'Amerinus. Hobbes*
» n'a point fait répandre de fang en Angle-
» terre, où de fon temps le fanatifme reli-
» gieux fit périr un Roi fur l'échafaud. En
» un mot, on peut défier les ennemis de la
» raifon humaine, de citer un feul exemple
» qui prouve d'une façon décifive que des
» opinions purement philofophiques, ou di-
» rectement contraires à la Religion ayent ja-
» mais caufé du trouble dans un Etat..... «

Réponse.   Sans entreprendre de juſtifier l'abus que les
Miniſtres des Religions ont ſouvent fait d'une
arme ſi puiſſante, pour intéreſſer les peuples
dans leurs querelles ; avec quelle injuſtice met-
tez-vous en oppoſition ces fureurs religieuſes
que vous raſſemblez de tous les ſiecles, de
toutes les nations, avec le ſyſtême de paix
que vous ſuppoſez dans l'Athéiſme, qui, de
votre aveu, n'a été admis juſqu'ici par aucun
peuple ! Les ſyſtêmes des Philoſophes, con-
ſidérés par le peuple comme les rêves d'hommes d'eſprit, n'ont ſans doute excité, ni pu
exciter aucun trouble ; mais ſi l'on parvenoit
peu à peu à accréditer ces rêves : (a) » Si des
» principes qui d'abord paroiſſoient étran-
» ges ou révoltans...... s'inſinuoient dans
» les eſprits, ſe répandoient au loin......
» pourroit-on dire avec *Hobbes*, que l'on ne
» peut faire aucun mal aux hommes en leur
» propoſant ſes idées, que le pis aller eſt de
» les laiſſer dans le doute & la diſpute : n'y
» ſont-ils pas déjà ? «

Pour connoître s'il ſeroit utile d'accréditer
de telles idées, il faut examiner quel effet
elles devroient produire.

Il n'eſt pas à craindre que le peuple, diſons

______

(a) Syſt. de la Nat. Tom. 2, chap. 13, pag. 283 & 284.

plus, qu'aucun homme se persuade réellement qu'il est gêné dans toutes ses actions
par un fatalisme universel : mais n'est-il pas à
craindre que les méchans n'abusent de ce
système pour se faire illusion à eux-mêmes,
& excuser leurs attentats, sinon à leurs yeux,
au moins à ceux des autres ? C'est ce que je
crois avoir démontré. Ces méchans sont tous
les hommes, relativement à l'objet de leurs
passions. Quel malheur pour l'humanité entiere, si de telles opinions prenoient crédit ?

(a) » Peu de philosophie, disoit le Chan-
» celier Bacon, dispose à l'Athéisme : *mais*
» *beaucoup de profondeur ramene à la Re-*
» *ligion.* «

De deux pro-positions, l'une du Chancelier Bacon, l'autre de l'Auteur du Système de la Nature. Renvoi.

» Si nous voulons analyser cette proposi-
» tion (dit l'Auteur du Système de la Nature),
» nous trouverons qu'elle signifie que des pen-
» seurs médiocres sont à portée de s'apperce-
» voir très-promptement des absurdités gros-
» sieres de la Religion ; mais que peu accou-
» tumés à méditer, ou dépourvus de prin-
» cipes qui servent à les guider, leur imagi-
» nation les ramene bientôt dans le l'aby-
» rinthe théologique, d'où une raison trop
» foible sembloit vouloir les tirer. «

(a) Syst. de la Nat. Tom. 2, chap. 13, pag. 388.

Cette prétendue explication eſt la contradictoire de la propoſition du Chancelier Bacon.

Quelle eſt la plus vraie ? C'eſt ce que j'examine dans cet ouvrage : mais avant de paſſer plus avant, il eſt néceſſaire de réſumer les vérités démontrées dans cette premiere partie, ou j'ai eſſayé de réunir tout le ſyſtême des *Athées.* Ceux de nos Sages qui ſoutiennent ces opinions, ne tiendront pas ce nom à injure, puiſqu'ils ſe le donnent à eux-mêmes.

CHAPITRE VI.

RÉSUMÉ de cette premiere Partie.

L'EXAMEN des preuves de l'exiſtence de Dieu, nous oblige de remonter au premier principe de toutes nos connoiſſances ; le *ſens intime* qui nous convainc de notre exiſtence, ce raiſonnement : *Je penſe, je ſens ; donc j'exiſte.*

Ce ſens intime n'eſt pas une illuſion ; autrement rien ne ſeroit certain, pas même notre doute, ou notre propre incertitude ; ſyſtême abſurde qui ne mérite pas d'être réfuté.

Ce

Ce principe nous découvre en quel sens l'homme est dans l'erreur, lorsqu'il se fait le centre de l'Univers ; c'en seroit une de supposer qu'il n'existe point d'être supérieur à lui : mais lorsqu'il juge de l'existence & de la nature des autres êtres, par l'analogie où les différences qu'ils ont avec lui, il se conforme en ce point à la marche de la Nature, qui ne lui a donné d'autre guide de ses connoissances, que le sens intime de son existence.

Ce guide lui découvre deux genres de vérités, les unes que nous nommons méthaphysiques, parce qu'elles sont les conséquences de la connoissance que nous avons de notre existence ; d'autres qu'on nomme morales, fondées sur des probabilités, sur des analogies de nous-mêmes, avec les êtres qui nous environnent.

Les expériences les plus simples, conduisent l'homme de la connoissance de sa propre existence à celle des objets extérieurs, & des loix générales du mouvement. Ces preuves morales portent dans son esprit une conviction aussi intime que celle qui résulte de la preuve méthaphysique.

Si vous supposiez un homme jeté dans le monde avec des organes formés ; mais privé de toutes les connoiffances & de toutes les opinions que nous acquérons par l'expérience, par l'éducation, par l'habitude, par le commerce avec les autres hommes ; on ne peut douter que les premieres expériences de cet homme ne le conduififfent de la certitude de fon exiftence, de celle des êtres qui l'evironnent, & des loix générales du mouvement, jufqu'à l'exiftence d'un Légiflateur univerfel.

Cette hypothèfe ne differe de la vérité, qu'en ce que la marche de la Nature eft plus lente, que l'enfant a des organes plus foibles, que fon cerveau a moins de confiftance pour retenir & fe rappeler les impreffions qu'il a reçues.

Quelque fyftême que l'on adopte, deux conféquences réfultent de la connoiffance de notre propre exiftence : 1°. qu'il exifte un Être néceffaire exiftant par lui-même : 2°. que cet Être, quel qu'il foit, eft *infini*, *éternel*, &c.

On croit avoir prouvé que ces qualités ne font des négations que dans le mot ; la négation eft le fini, au delà duquel fe trouve le néant.

Cet Être néceffaire eft-il la matiere dont nous faifons partie, ou un Être fupérieur à la matiere qui lui ait donné des loix ? Pour décider cette queftion, il faut jeter un coup-d'œil fur les bornes de nos connoiffances. Elles nous conduifent à l'examen de plufieurs définitions de l'Auteur du Syftême de la Nature.

Je crois avoir prouvé que l'effence des êtres nous eft inconnue ; la *matiere* nous préfente les mêmes myfteres que l'*efprit* & la penfée, ou, pour mieux dire, un être dont l'effence confifte dans le fentiment, l'intelligence, la penfée, la volonté que je fens en moi, me préfente une idée plus claire que toutes les définitions qu'on me donne de la matiere.

Je ne peux à la vérité, peindre cet être à mon imagination, ni l'exprimer par la parole que fous des images corporelles. La raifon en eft, que la parole eft matérielle, que mes fens corporels ne peuvent être frappés que par des fons matériels ; mais conclure de là qu'il n'exifte d'autre être que la matiere, c'eft un argument qui fe retourne avec avantage contre les défenfeurs du Fatalifme. Ils ne feroient pas intelligibles dans le développement des ouvrages de la Nature, s'ils ne perfonnifioient cette Nature pour nous préfenter une caufe premiere de tout ce qui exifte.

Je crois avoir prouvé que l'étendue, la divisibilité, la configurabilité, qui nous paroissent les attributs essentiels de la matiere, présentent à notre esprit des difficultés plus insolubles que toutes celles qu'on oppose à l'existence d'un Être différent de la matiere.

Point de mouvement dans la matiere, si tout est plein : si elle renferme du vuide, qu'est-ce que ce vuide ? Un espace, une étendue sans matiere, ce qu'il m'est impossible de concevoir. Je me borne à cet exemple.

J'ai parcouru les définitions que l'Auteur du Système de la Nature nous donne de la *matiere*, du *mouvement*, de ce qu'il appelle une *cause*, un *effet*, *l'essence* des êtres, *l'ordre*, le *désordre*, le *hasard*, &c. J'ai prouvé que toutes ces définitions nous reportent à des propriétés inconnues, à des *qualités occultes* semblables à celles si justement ridiculisées dans les écrits des Péripatéticiens modernes, par conséquent à des effets sans cause.

Restent deux questions dont on demande la solution. *Comment un être sans étendue peut-il être mobile, & mettre la matiere en mouvement ?*

Vous supposez ce qui est en question, qu'il n'existe d'autre être que la matiere ; & comme vous appercevez qu'un corps n'agit sur un autre, qu'autant qu'il l'atteint par quelque point de contact, vous concluez que l'Être infini, le Législateur universel ne pourroit agir sur la matiere, s'il ne l'atteignoit par un point de contact. Mais pourquoi un corps communique-t-il son mouvement à un autre corps qu'il atteint par le contact ? Pour répondre à cette question, il faut que vous optiez entre une loi établie par un Être supérieur à la matiere, ou des propriétés inconnues, des *qualités occultes* qui font des effets sans cause.

Comment un être sans organes peut-il avoir des perceptions, des idées, une intuition, des pensées, des volontés, des actions ?

Autre objection qui suppose encore ce qui est en question.

J'ai suivi l'Auteur du Systême de la Nature dans son développement du méchanisme de l'homme. Nous n'avons d'idées que par les sens ; ces idées sont le principe de nos pensées, de nos jugemens, de nos volontés. Je le suppose ; cependant nous n'acquerrerions aucune idée, si nos sensations ne se reportoient à un centre commun capable de les comparer, de les combiner, de les juger ; la mémoire même placée dans un organe corporel, suppose la faculté de se rappeler les

R iij

idées reçues, de les repasser, de les comparer entr'elles. Le centre qui opere ainsi, est-il corporel ? Loke prétend qu'il pourroit l'être, ce que je n'examine pas quant à présent. Mais en admettant cette hypotèse, on ne peut soutenir que le sentiment, la pensée, la volonté, soient de l'essence de la matiere : l'auteur de ces propriétés ne peut donc être matériel. Celui qui auroit pu donner ces propriétés à la matiere, n'a-t-il pas eu le pouvoir d'établir une communication, qui ne nous est connue que par ses effets, entre nos organes & un être immatériel semblable à lui ? De quelle nature est cette communication ? Quel est l'état de l'homme en léthargie ? Que reste-t-il de lui, lorsque le lien qui unit son ame à ses organes, est détruit par la mort ? La raison ne m'apprend rien sur toutes ces questions ; mais elle me dit que si je peux découvrir ce que je ne connois pas, par analogie avec ce que je connois, il seroit absurde de nier ce que le sens intime me fait connoître, parce que mon esprit borné ne peut parvenir à des connoissances ultérieures. Les Loix émanées du Législateur universel, présentent à mon esprit des idées plus claires que vos propriétés, vos essences, vos energies, vos *qualités occultes.*

Ces réflexions m'ont conduit à l'exposition & à l'examen du Systême du Fatalisme,
par lequel l'Auteur du Systême de la Nature
se disculpe du reproche qu'on fait ordinaire-
ment aux Sages de notre siecle, *de démolir
sans édifier, de combattre des erreurs, sans leur
substituer des vérités.*

L'Auteur entreprend de nous expliquer,
non-seulement les phénomenes de la Nature,
mais les actions des hommes qui paroissent
les plus libres par les seules propriétés de la
matiere organisée.

C'est ainsi, dit-il, que cent mille dez
ameneroient cent mille six, s'ils étoient pipés
à cet effet.

Il se livre aux détails.

Il n'existe point d'actions indifférentes ;
toutes sont nécessitées par notre essence qui
nous force de desirer notre bien-être. Les
moyens que nous employons pour y parvenir,
sont plus ou moins justes, suivant l'énergie,
la force, la justesse de notre organisation ;
ce qui produit en nous des motifs corporels,
comme les sens qui les excitent.

La *délibération* n'est autre chose que la
compression du cerveau entre deux motifs
contraires, compression tellement doulou-

reufe, qu'elle porte quelquefois celui qui la fouffre à fe donner la mort.

La *honte*, les *remords*, font produits par la réminifcence que la mémoire, corporelle par fa nature, produit en nous.

Se convertir, c'eft être déterminé à changer de conduite par des motifs nouveaux. Toutes les inftitutions des hommes fuppofent le méchanifme de nos actions. L'homme n'eft maître, ni de fa conformation, ni de fes idées, ni de fes defirs ; il n'eft donc libre, ni quand il veut, ni quand il délibere, ni quand il choifit, ni quand il agit.

Tel eft l'abrégé de tout le Syftême du Fatalifme.

En convenant de l'impuiffance de la raifon pour concilier la prefcience de Dieu, & fon opération toute-puiffante avec la liberté de l'homme, j'ai examiné fi ce motif fuffifoit pour nous déterminer à nier ce que le fens intime nous apprend.

» A quelque fatalité qu'on croie nos ac-
» tions attachées, dit M. de Voltaire, on
» agira toujours comme fi on étoit libre. «

Pourquoi eft-il impoffible de perfuader à l'homme, dans la pratique, qu'il n'eft qu'un agent néceffaire ? Sinon, parce que le fens intime qui nous convainc de notre liberté est le même sentiment, qui est la base de toutes nos connoissances, & qui nous instruit de notre existence.

J'ai opposé M. de Voltaire, à l'Auteur du Système de la Nature, & à lui-même.

L'homme n'est pas libre lorsqu'il est dominé par une passion violente ; mais cet état est celui d'un maladie ; ce n'est pas sous ce point de vue que nous devons envisager la nature humaine.

Est-il des actions indifférentes ? Non , sans doute , si vous entendez par ce mot des actions auxquelles l'homme se détermine sans aucun motif ; un tel homme seroit un insensé ; il ne seroit pas libre. Mais est-il des actions auxquelles nous nous déterminons par des motifs purement intellectuels ? C'est une vérité que je ne crois pas qu'on puisse contester. Celui qui se détermine entre deux choses absolument égales par la seule nécessité de choisir, celui qui ne se détermineroit à un mouvement, à une action, que par le desir de montrer sa liberté , *Socrate* qui refusoit de sortir de prison, par le seul attachement à ses principes, & son respect pour les loix de sa patrie, l'amour de la gloire qui tenoit la main de *Mutius Scevola*, attachée fur le brafier qui la confumoit ; aucun de ces motifs n'eft corporel.

Les motifs même qui nous viennent des fens, fuppofent en nous un centre commun auquel les fenfations fe reportent, capable de les combiner, de les comparer, de les juger, de choifir entre les impreffions qu'il reçoit, & les dangers qu'il prévoit.

Les fenfations même ne font pas tellement involontaires, que nous ne puiffions nous en diftraire, du moins, lorfqu'elles ne font pas extrêmes.

L'organe de la mémoire eft corporel ; mais il nous feroit inutile, fi nous n'avions la faculté de repaffer nos propres idées ; la *honte* & les *remords* feroient moins cuifans, fi nous pouvions nous perfuader que nos actions font involontaires.

Le cerveau comprimé par des motifs qui fe combattent mutuellement, eft paffif dans la délibération ; mais il eft actif dans la détermination.

Enfin, l'exemple trop fréquent du fuicide, prouve notre liberté. Le Syftême du Fatalifme admettant, qu'il eft de l'effence de notre être de veiller à fa propre confervation, il feroit impoffible qu'aucun motif nous portât à nous détruire nous-mêmes : la démence & la fureur ne pourroient pas même produire cet effet, par les seules loix de la méchanique ; car un être ne peut agir contre sa nature, contre son essence : il seroit donc impossible qu'aucun motif donnât à l'être pensant, qu'on suppose purement matériel, une direction qui tendroit à détruire sa propre existence.

Quand on analyse les raisonnemens de l'Auteur du Systême de la Nature, on apperçoit qu'ils se réduisent à une pétition de principe perpétuelle. Cet Auteur suppose que l'homme est entraîné dans toutes ses actions par un fatalisme irrésistible ; il en conclut que, ni la sensation, ni le desir, ni la volonté, ni la détermination, ni l'action, ne sont libres. Mais sur quel fondement supposez-vous l'homme entraîné dans toutes ses actions par un fatalisme irrésistible ? Parce que la liberté de l'homme, dites-vous, me paroît inconciliable avec la toute-puissance d'un Être supérieur à la matiere, le Législateur, l'Ordonnateur universel.

Cette difficulté est grande, sans doute : mais suffit-elle pour m'engager à nier en même temps, & ma liberté & l'existence de Dieu ? — Oui : car si Dieu n'existe pas, je ne peux concevoir le monde régi, que par un fatalisme universel. — Vous êtes donc en état de

m'expliquer par les feules loix de la méchanique, non-feulement les phénomenes de la
Nature, mais toutes les actions des hommes?
— Nullement : car cette machine eft trop
compliquée pour me permettre d'en fuivre
les mouvemens. — Vous connoiffez au
moins la caufe premiere de ces loix ? —
Moins encore ; mais l'exiftence de ces loix
m'eft prouvée par leurs effets. — Ne trou-
vez-vous aucune difficulté à fuppofer des
loix fans un Légiflateur qui les ait établies?
— Ceci m'embarraffe ; car je ne peux concevoir d'effets fans caufe ; mais fuppofons
mon Fatalifme univerfel, il fera la caufe premiere de tout ce qui exifte. — D'accord :
mais qu'eft-ce que votre Fatalifme, fi ce n'eft
le Syftême par lequel vous prétendez m'expliquer tous les phénomenes de la Nature,
& le principe des actions des hommes : ainfi
vous tournez dans un cercle, en admettant
pour principe ce que vous aviez à prouver.

On ne peut lire le Syftême de la Nature,
fans appercevoir un contrafte étrange des
plus faines maximes de morale, d'éducation, de légiflation, de politique avec des
opinions deftructives de toute autorité légitime.

Des hommes que vous effayez de réduire

à l'état de harpes organisées, de pures machines, forcées de suivre l'impulsion générale que leur donne la nature entiere, *incapables de se mouvoir par leur propre énergie*, ne feront que ce qui sera réglé par un fatalisme irrésistible ; dès-lors les recherches des Philosophes, les écrits des Savans, les exhortations des Sages, les loix même deviennent inutiles pour modérer les passions des hommes. Plus de distinction entre le vice & la vertu, plus de remords, plus de repentir. Comment se repentir d'actions auxquelles on seroit entraîné par la chaîne des événemens à laquelle aucun être ne peut se souftraire ?

Qu'importent ces conséquences, dites-vous, si le Systême du Fatalisme est le seul vrai ? La vérité ne peut nuire aux hommes.

Je le veux supposer avec vous, quoiqu'il y ait des erreurs accréditées par l'opinion qu'il seroit dangereux de déraciner, parce qu'elles sont devenues nécessaires à la multitude. Admettons toutefois votre proposition : ne voyez-vous pas qu'elle suppose dans la vérité une force à laquelle les passions des hommes sont contraintes de céder à la longue ? C'est une loi de la Nature, dites-vous : mais comment une pareille loi peut-elle exiſter ſans un Légiſlateur qui ſoit la vérité même ?

On a relevé à la fin de ce chapitre les contradictions, dans leſquelles l'Auteur du Syſtême de la Nature ſe trouve engagé lorſqu'il eſſaye de prouver que le Fataliſme n'eſt pas contraire aux regles de la ſaine morale.

Exiſte-t-il des Athées de bonne foi ? Il eſt difficile de le penſer, ſi l'on conſidere que les défenſeurs de l'Athéiſme ſont en contradiction avec leur principe fondamental, *qu'il n'eſt point d'effet ſans cauſe.*

Eſt-il des nations entieres qui ne reconnoiſſent point de Dieu ? L'Auteur du Syſtême de la Nature ne le penſe pas.

Pourroit-on ſe flatter de perſuader l'Athéiſme à tout un peuple ?

Le même Auteur répond qu'il ſeroit peut-être auſſi difficile d'y parvenir, que de donner l'idée de Dieu à des hommes faits qui n'en auroient jamais entendu parler. — Comment ſe fait-il donc que tous les peuples s'accordent ſur l'exiſtence d'un être qui choque, ſuivant vous, ſi ouvertement la raiſon ? Qui eſt parvenu le premier à donner cette idée à des hommes faits ? Enfin, pourquoi vous travailler, & mettre, pour ainſi dire, à contribution tous les siecles, pour nous tracer le tableau effrayant des maux que le fanatisme & les passions des Ministres des Autels ont fait aux hommes dans toutes les Religions, dans celle même dont les maximes condamnent si ouvertement ces excès ? L'expérience de votre Systême ne peut fournir aucune matiere au parallele, puisqu'il n'a été admis par aucune nation. Mais avant de proposer aux hommes un Systême contraire à tous les principes qui les ont conduits jusqu'ici, avant d'essayer *d'insinuer ce Systême dans les esprits & de le répandre au loin,* suivant votre expression ; n'étoit-il pas utile d'examiner les conséquences qui en résultoient ? Je crois avoir prouvé que ce Systême est faux en lui-même, contredit par le sens intime, le seul guide que la Nature nous ait donné pour parvenir à la connoissance de la vérité, qu'il sape enfin, par le fondement, tout principe de morale, d'éducation, de législation, de politique.

Fin de la premiere Partie.